목사님 궁금합니다 3

바른 신앙을 위한 Q & A

목사님 궁금합니다 3

발행일 2022년 6월 15일 초판 1쇄

지은이 김활
발행인 고영래
발행처 미래사CROSS

주소 서울시 마포구 신수로 60, 2층
전화 (02)773-5680
팩스 (02)773-5685
이메일 miraebooks@daum.net
등록 1995년 6월17일(제2016-000084호)

ISBN 978-89-7087-143-1 (03230)

ⓒ 김활, 2022

이 책의 저작권은 저자와 도서출판 미래사CROSS가 소유합니다.
신저작권법에 의하여 한국 내에서 보호받는 저작물이므로 무단 전재와 무단 복제를 금합니다.

＊ 가격은 뒤표지에 있습니다.
＊ 잘못 만들어진 책은 구입처에서 바꾸어 드립니다.

김활 지음

목사님 궁금합니다 3

바른 신앙을 위한 Q & A

미래사CROSS

차례

들어가는 말 ... 08

Chapter 01 신앙 상담

① 기도원에서 기도하다가 벼락을 맞아 죽었습니다 ... 18
② 기독교는 죽어서 얻는 구원만 강조하는 종교가 아닌가요? ... 26
③ 대표기도를 할 때 즉석기도가 올바른가요? ... 32
④ 목사님의 설교 수준이 낮습니다 ... 35
⑤ 직통계시나 신유은사를 강조하는 교회가 건강한가요? ... 39
⑥ 영유아 아이들 돌봄 때문에 교회 봉사가 힘들어요 ... 43
⑦ 찬양할 때 손을 들거나 박수쳐도 되나요? ... 48
⑧ 코로나시대에 대면 예배를 강행하는 게 옳을까요? ... 51
⑨ 투시의 은사가 있다고 합니다 ... 55
⑩ 하나님을 떠났다가 다시 돌아오면 벌을 받나요? ... 57
⑪ 하나님의 심판은 전쟁이며, WCC 가입 때문인가요? ... 62
⑫ 천 원 헌금에 하나님이 거지냐는 꾸지람을 들었습니다 ... 66
⑬ 십일조를 다른 교회나 단체, 개인에게 해도 되나요? ... 70

Chapter 02 교회 상담

① 니케아 신경과 사도신경의 차이점을 알고 싶습니다   78

② 공개 회개를 강요하는 교회가 올바른가요?   83

③ 교회가 싫으면 다른 교회로 가라면서 붙잡지 않아요   88

④ 교회 생활만 강조하며 기독교 학교를 설립하려고 합니다   93

⑤ 교회 안에서 심리상담학을 가르쳐도 되나요?   98

⑥ 교회에서 다단계 판매와 수익사업을 합니다   103

⑦ 교회에서 아프면 병원에 가지 말고 기도를 받으라고 합니다   107

⑧ 교회의 정체성과 역할은 무엇인가요?   111

⑨ 대형 교회가 크고 좋은 사역을 많이 하는데 어떤 문제가 있나요?   117

⑩ 대형 교회당 신축 때문에 고민입니다   120

⑪ 시아버님이 목회하는 교회와 갈등이 있어요   125

⑫ 우리 교회에만 구원이 있고 다른 교회에는 구원이 없다고 합니다   129

⑬ 침례교회는 사도신경을 거부하나요?   137

Chapter 03 생활 상담

01 기도해도 취업이 되지 않아요　　　　　　　　　　142

02 똑똑한 의사와 교수가 왜 이단으로 가나요?　　　147

03 로또 복권을 사면서 기도해도 되나요?　　　　　152

04 목사님이 성행위를 요구합니다　　　　　　　　158

05 병원에 갈 수 없는 우울증 환자가 치유받는 방법이 있나요?　166

06 성관계할 때 피임을 하고 출산하지 않아도 되나요?　171

07 절에 들어와서 예불에 참석하니 심란합니다　　176

08 주식투자를 어떻게 보아야 하나요?　　　　　　180

09 주일에 조상님 산소로 벌초하러 갈 수 있나요?　185

10 주일학교 교사가 아이를 심하게 때렸어요　　　188

11 찬송과 기도가 없는 결혼 예식이 가능한가요?　193

12 희귀병에 걸린 것이 저주인가요?　　　　　　　198

Chapter 04 성경 상담

- ❶ 666의 정체와 경제적인 매매를 알고 싶어요 — 204
- ❷ 항상 거짓말을 하지 않아야 하나요? — 211
- ❸ 교회 옮기기가 비성경적인가요? — 216
- ❹ 구약의 절기를 오늘날에도 지키나요? — 221
- ❺ 기본 신앙 서적을 추천해주세요 — 225
- ❻ 무직자인 예수님이 공생애를 살면서 어떻게 생활하셨나요? — 229
- ❼ 베리칩과 임박한 재림이 연관이 있나요? — 234
- ❽ 박쥐, 생선회, 육회, 게, 가재, 새우, 메뚜기는 먹어도 되나요? — 237
- ❾ 전도(선교) 명령이 구약에는 없나요? — 243
- ❿ 성령 세례, 성령 내주, 성령 충만을 구별하고 싶어요 — 248
- ⓫ 신자가 지은 죄는 심판대에서 다시 심판을 받나요? — 252
- ⓬ 장기기증을 거부하는 성경 말씀이 있습니다 — 256
- ⓭ 짐짓 죄란 무엇인가요? — 262

들어가는 말

여러 해 동안 '김활 목사의 기독교 바로알기' 블로그를 운영하면서 느낀 것은 의외로 한국교회 교인들에게 고민거리와 궁금한 점이 많다는 것입니다. 예수를 믿은 지 얼마 안 된 신자들이라면 이해합니다. 그런데 오히려 모태 신앙인이나 10년 이상 교회를 다녔다는 신앙인들이 더 많은 질문을 해왔습니다. 왜 그럴까요? '예수 천국, 불신 지옥'만으로 기독교를 설명하고 이해하기에는 매우 부족하기 때문입니다. 성부와 성자와 성령 하나님의 기능과 역할과 관계를 설명하기에도 벅찹니다. 아니라고 말하기가 매우 어렵습니다.

고민 상담은 메일이나 상담 코너에서 하기도 하지만 직접 전화 통화로 이루어지기도 합니다. 전화 상담의 경우 다른 어떤 종류의 상담보다 훨씬 심각하고 진지한 문제가 많습니다. 공개해서는 안 될 가슴 아픈 사연도 있습니다. 그럴 때면 상담자가 지켜야 할 철칙을 생각하며 고민하고 새김질하느라 밤잠을 설칠 때도 많았습니다.

상담 전문가도 아니고 성경박사 학위도 없는 목사가 모든 질문과 문제에 답변하고 해석을 해준다는 것이 때로는 부담스럽고 고민이 됩니다. 하지만 누군가는 반드시 이런 사역을 해야 하며, 앞으로도 계속해야 할 일이라는 데는 이의가 없을 것입니다. 조금만 더 생각하면 인간은 생각하는 존재고 고민하는 존재입니다. 아니, 인간의 실존 자체가 골칫덩어리이고 문제투성이 아닌가요? 인간이 사는 곳에는 언제나 갈등이 있고 고민이 있고 문제가 많기 마련입니다.

인간(人間)의 한자어에서 인(人)은 한 사람이 다른 사람에 기대어 있는 모습을 하고 있습니다. 한 사람이 다른 사람에게 기댈 수 없을 때, 의지하거나 신뢰할 수 없을 때 그 관계는 깨지게 됩니다. 우리 모두는 나 아닌 다른 사람들과 함께 삽니다. 인생(人生)의 한자는 사람 인(人)에 날 생(生)입니다. 그리고 생(生)을 분리하면 소 우(牛)와 한 일(一)이 됩니다. 이는 인생이란 소가 외나무다리를 건너는 것처럼 위태롭다는 표현이 아닐까요? 예수님을 믿는 우리네 인생살이도 그만큼 어렵고 힘듭니다. 고민도 많고 걱정도 많습니다.

사람이 자신의 모든 문제를 해결하는 것은 거의 불가능합니다. 사실 인간이 지닌 문제는 내담자 자신이 풀어가거나 절대적인 다른 힘이 해결해야 한다는 결론에 도달하게 됩니다. 더욱이 예수를 믿고 의지하는 신자들에게는 언제나 해결 방법은 삼위일체 하나님입니다. 조금 더 쉽게는 예수 그리스도가 정답입니다.

하지만 하나님은 우리 눈에 보이지 않고 예수님도 이제는 우리에게 직접 말씀하시지 않습니다. 그리스도인은 항상 성령 충만하지 않으므로 고민을 할 수도 있고 더 나아가 실족하기도 합니다. 따라서 그리스도인을 위한 상담의 해결책은 많은 신자가 읽고 있는 성경에서 찾아야 합니다. 신앙 상담이나 교회 상담은 말할 것도 없고 우리네 삶 속에서 만나는 여러 가지 문제나 고민도 성경 속에서 답을 찾아야 한다는 뜻입니다. 하지만 성경은 백과사전이나 만물사전이 아니므로 수많은 질문에 성경적으로 시원한 답을 주거나 처방전을 발행하지 못할 때가 있습니다. 그때마다 기독교적 세계관으로 답할 수밖에 없었던 아쉬움을 여기에 밝혀둡니다.

그동안 『목사님 궁금합니다』 1, 2권을 여러분 앞에 내놓고는 책 발간을 그만하기로 마음을 먹었습니다. 그런데 아직도 상담 글은 계속되고 있고 밤잠을 이루지 못하는 분들이 많아 어쩔 수 없이 또 발간하게 되었습니다. 여전히 책으로 발간할 내용들이 무지무지 많은데, 앞으로 어떻게 될지는 모르겠습니다.

이번에 발간하는 3권도 책의 방향과 순서를 예전 상담 서적과 동일한 방법으로 결정했습니다. 『목사님 궁금합니다』 3권은 신앙 상담, 교회 상담, 생활 상담, 성경 상담 4개 파트로 구성했습니다. 이 가운데 몇 가지만 개략적으로 살펴보기로 합니다.

첫째, 신앙 상담입니다.

겉으로 보기는 신자들의 신앙이 강하고 튼튼한 것 같지만 의외로 신앙적인 질문이 많습니다. 신앙적으로 보면 별것 아닌 것 같은데 시험에 들거나 고민합니다.

새벽기도회를 다녀오다가 또는 기도하러 갔다가 기도원에 벼락이 떨어지는 바람에 사망하는 사건이 벌어집니다. 교회에서 야유회를 갔다가 물놀이 도중 익사하기도 하고, 성지순례를 갔다가 교통사고로 죽기도 합니다. 이럴 때 우리는 당황합니다. 신자들이 죄가 있어서 죽었다고 말할 수는 없지만, 신자들은 대개 교회(목사)가 어떤 죄를 지었다고 생각하기 때문에 교회가 시험에 들어 휘청거립니다. 불교나 무속신앙의 영향이 교회에 들어왔기 때문입니다.

모든 인간은 죄 때문에 죽습니다. 죄가 없으면 죽지 않지만 죄를 짓지 않는 사람은 단 한 명도 없습니다. 그러므로 죽지 않고 영원히 사는 사람은 결코 없습니다. 다만 어떻게 죽느냐가 중요하다는 것을 기억해야 합니다. 아름답게 죽을지, 더럽거나 추하게 죽을지가 중요합니다. 주 안에서 죽는 것이 주 밖에서 죽는 것보다 몇 백 배 낫습니다.

코로나19의 영향으로 교회당에 나가지 않고 집에서 혼자 또는 가족과 함께 예배하는 신자들이 많아졌습니다. 코로나 전염병이 종식되더라도 최소한 20~30%는 가나안 신자가 될 것이 확실합니다. 가나안 신자들을 교회에서 어떻게 대해야 하는지 궁금합니다.

목회자는 돈을 사랑하지 말라고 했는데 돈을 사랑하고 신자가 보기에 올바르지 않은 곳에 헌금을 사용할 때 헌금을 어떻게 드리는 것이 옳으냐는 고민이 생깁니다. 이럴 때 어떻게 하면 좋을까요? 본교회가 가난한 이웃을 외면하고 이들을 돕는 데 헌금(십일조 포함)을 사용하지 않을 경우 헌금을 다른 개척교회를 돕거나 불우한 이웃 또는 본인이 필요하다고 생각하는 데 사용할 수 있습니다. 이런 것이 옳은지, 어떤 문제가 생기는지도 궁금합니다.

기독교를 믿는 목적은 구원을 받아 영생을 누리는 것입니다. 죽어서 천국에 가는 것을 최종 목표로 사는 것만이 정답은 아닙니다. 이 부분에서 기독교가 욕을 많이 먹는데 어떻게 하면 될까요? 궁금합니다. 교회에서 장로님이 기도할 때 즉석 기도를 하는 경우도 간혹 있지만 종이에 미리 적어 옵니다. 기도를 어떻게 하는 것이 좋을지 궁금합니다.

둘째, 교회 상담입니다.

한국 교인들은 자신이 섬기는 교회만 옳고 다른 교회는 잘못된 교회라고 믿는 경향이 있습니다. 심한 경우 다른 교단은 이단이라고 비판하고 경멸하기도 합니다. 매주 사도신경을 암송하며 공교회(公會)를 믿는다고 고백하면서도 실제는 그렇지 않은 것 같습니다. 교회의 정체성과 역할에 대한 질문도 있습니다. 교회가 싫으면 다른 교회로 가라면서 은근히 신자를 내쫓는 일도 있습니다.

신자의 개인 생활, 특히 가정생활과 회사 생활을 무시하고 거의 매일 교회 생활에만 충성하라고 가르치는 교회도 있습니다. 교회당 근처로 이사를 오라고 강요하며, 주일 성수를 할 수 없는 직장은 그만두라는 압력도 불사합니다. 실제로 그런 목사 때문에 근무 환경과 조건이 좋은 직장을 버리고 교회당과 가까운 직장으로 이직해 고민 중인 신자도 있습니다. 교회의 정체성과 역할은 무엇인지 묻게 하는 사례입니다.

기독교 대안학교를 잘못 운영해 사회적 물의를 일으키는 경우가 있습니다. 신자가 아파도 병원에 가지 말고 교회에서 안수기도를 받고 금식기도만 하라고 잘못 가르치는 교회도 심심찮게 등장합니다. 또 교회에서 성경보다 심리 상담학이나 인문학 설교를 하기 때문에 신자들이 성경적 세계관으로 무장하지 못하고 세상의 지식과 지혜로 잘못 판단하는 경우도 자주 봅니다. 이럴 때 어떻게 해야 할까요? 궁금합니다.

셋째, 생활 상담입니다.

신자들이 생활 속에서 일어나는 문제로 당황하거나 어쩔 줄 몰라 하는 경우가 많습니다. 교회에서 성경적으로 세상을 바라보고 평가하는 훈련이 돼 있지 않아서라고 생각합니다. 몇 가지 예를 듭니다. 기도하는 것은 반드시 이루어진다고 믿는 신자들이 많지만, 사실 이루어지지 않는 경우도 많습니다. 교회에서는 기도하면 반드시 이루어진다고 기도를 강조하고 채근하지만, 기도는 자동자판기도 아니고 하나님이 나의 기도만 들어주는 기계나 로봇도 아닙니다. 어떻게 하면 되나요? 궁금합니다.

로또 복권을 사면서 하나님께 얼마를 바치겠다고 서원 기도를 하는 어리석은 신자도 있습니다. 차라리 그 돈을 저축하는 것이 더 옳고 성경적입니다. 성경은 열심히 일하면 부자가 되고 게으르면 가난하게 된다고 합니다. 주식투자는 또 어떨까요? 너도나도 주식투자에 뛰어들고 펀드나 가상 화폐에까지 몰두하는 것을 봅니다. 성경에는 주식이라는 용어도 펀드라는 개념도 없습니다. 어떻게 바라봐야 하는지 궁금합니다.

똑똑한 의사들과 교수들이 이단 안에 있다고 안심하며 이단으로 넘어가는 신자도 있습니다. 의사나 교수가 이단에 있다고 속아서는 안 됩니다. 똑똑하고 영리하다는 사람들도 점을 치러 무속인을 찾습니다. 어떻게 판단해야 하는지 알고 싶습니다.

들어가는 말 13

넷째, 성경 상담입니다.

외국과는 달리 한국교회는 성경 읽기를 강조하고 또 강조합니다. 교회마다 성경통독운동이 벌어지고, 금년에는 꼭 1독을 하자고 다짐 또 다짐합니다. 그런데도 성경을 읽지 않는 신자들이 많습니다. 왜 그럴까요? 성경 66권 분량이 많기도 하지만 한국 교인 대부분이 사용하는 개역개정성경이 읽어도 무슨 내용인지 알기 어려운 경우가 많기 때문입니다. 이해하기 쉽다는 새번역성경이나 쉬운 성경으로 읽어보아도 성경 각 권의 주제와 핵심을 알기 어렵습니다. 교리나 신앙고백을 교회에서 가르치면 좋으련만 여러 가지 이유로 회피하거나 가르치지 않습니다.

대표적인 것이 코로나 백신, 666, 베리칩에 관한 것입니다. 코로나 백신을 맞으면 짐승의 표를 받는다고 거부하며 휴거가 곧 이루어진다고 거짓 예언을 하는 사람들이 있습니다. 아직도 길거리에는 '코로나 백신=666=짐승의 표'라는 입간판을 들고 있는 신자나 차량이 있습니다. 이럴 때 그리스도인은 어떻게 해야 하나요? 궁금합니다.

결혼하는 기독교인 청년들이 사돈댁이 불신자라는 이유로 결혼 예배를 할 수 없다고 고민합니다. 결혼 예식과 결혼 예배를 구분하지 못하기 때문입니다. 그런 결혼식은 예배가 아니라 예식이 올바른 표현으로 모든 예식 절차를 반드시 기독교식으로 할 수는 없습니다. 천주교는 혼배성사(결혼성사)라고 하여 성당에서 결혼식을 하지 않으면 결혼으로 인정하지 않습니다. 이럴 때 어떻게 해야 하는지 고민입니다.

그리스도인에게는 육체의 부활이 있으므로 육신에 의해 지은 죄는 예수님이 재림할 때 백보좌 심판대에 선다고 하며 행위의 구원관을 주장하는 사람들이 있습니다. 신자의 선행과 공로가 백보좌 심판 때 어떤 역할을 하는지 궁금합니다.

이 책이 나올 수 있게 허락하신 하나님께 먼저 영광을 돌리고 감사를 드립니다. 부족한 사람이지만 믿고 상담을 청했던 성도님들께도 감사합니다. 출판계가 어려운 가운데도 과감하게 출간을 결정해주신 미래사CROSS 대표 고영래 집사님에게도 감사합니다. 부족한 제가 수시로 도움을 청할 때 아낌없는 협력과 기도로 함께한 하늘빛교회 이춘호 목사님, 석천교회 한상기 목사님께도 심심한 감사를 표합니다.

늘 제 곁에서 용기를 주고 조언해주는 사랑하는 아내 오금옥 권사에게도 감사를 전합니다. 이 책을 집필하는 동안 기쁜 소식이 들려왔습니다. 10년간 실족하여 세상과 짝지어 살던 장남 김건용 집사가 이제 회심해 하나님 곁으로 돌아왔습니다. 그럼에도 거듭나지 못하고 안개 신자로 살고 있는 차남 김건효를 생각하며 눈물로 기도합니다.

2022년 5월

서울 정릉골에서 김활 목사

Chapter 01

신앙 상담

01

기도원에서 기도하다가 벼락을 맞아 죽었습니다

Q 기도원에서 많은 사람이 모여 기도하던 중에 벼락이 떨어져 신자가 죽었습니다. 믿는 사람들이 시험에 들어서 어떻게 그런 일이 생길 수 있느냐고 합니다. 동네 불신자들도 수군거립니다. 도대체 왜 그런 일이 발생했으며, 신자로서 어떻게 받아들여야 할지 무척 고민이 됩니다. 하나님의 뜻이 어디에 있을까요?

A 그런 일이 벌어지지 않았으면 좋으련만 참으로 안타까운 일입니다. 믿지 않는 사람들은 이런 사건을 보고 "교회 다니는 사람들이 벌을 받았다"고 하거나 "하나님이 어디 있느냐"고 비아냥거릴 것입니다. 어쩌면 동네에서 불신자 전도문도 막히고, 믿음이 약한 사람은 시험에 들 수도 있을 것입니다. 왜 그런 끔찍한 사건이 발생했는지 정확히 알 수는 없지만, 우리가 이런 일을 당하면 반드시 기억해야 할 것이 있습니다.

첫째, 누구나 죽습니다.

사람은 태어나면 반드시 죽는다는 사실입니다. 죽지 않는 사람은 아무도 없습니다. 다만 어떻게 죽느냐가 중요합니다. 자신은 죽고 다른 사람을 살리는 아름다운 죽음도 있고, 아무런 보람이나 가치가 없이 죽는 개죽음도 있습니다. 대부분의 사람들은 아름다운 죽음이나 개죽음이 아니라 평범하게 죽습니다. 그런가 하면 사는 것보다 죽는 것이 더 낫다고 할 만한 사람도 적지 않습니다.

Y교회 장로님은 유명한 지휘자였습니다. 지금은 은퇴했지만 장로님은 평소 "지휘하다가 쓰러져 무대에서 죽고 싶다"는 말을 자주 했습니다. 얼마 전 암으로 세상을 떠난 Y축구감독도 "그라운드에서 선수들과 함께 뛰다가 죽고 싶다"는 말을 자주 했다고 합니다. 이때 대부분의 사람들은 그런 모습을 보고 박수를 보내면 보냈지 비웃는 경우는 별로 없습니다.

예수를 믿지 않고 죽어서 지옥에 가는 것보다 예수 안에 있다가 비록 벼락을 맞아 죽었지만 천국에 가는 것이 낫습니다. 우리는 자신이 늘 예수 그리스도 안에 있는지 아니면 밖에 있는지 살펴보아야 합니다. 기도원에서 기도하다가 죽었다면 나쁜 짓이나 허튼짓을 하다가 죽은 것보다 몇 백 배 더 나은 아름다운 죽음입니다.

둘째, 죄로 인해 죽지 않을 수도 있습니다.

"벼락 맞아 죽을 놈"이라는 말이 있습니다. 흉악한 죄를 지은 사람을 저주하면서 하는 말입니다. 아마 사람들은 기도원에서 기도하다가 죽은 사람들이 끔찍하거나 무서운 죄를 짓고 천벌(天罰)을 받았다고 말하고 싶을 것입니다. 지은 죄가 많아 하늘 또는 하나님이 노해서 죽였다고 말하고 싶은 것이지요. 벼락을 맞았다면 죄가 크다고 지레 짐작하는 것입니다.

자연현상을 아는 사람들은 벼락을 가리켜 천벌이 아니라 자연현상 중 하나라고 말할 것입니다. 국어사전에 보면 벼락은 "공중의 전기와 땅 위의 물체에 흐르는 전기 사이에 방전 작용으로 일어나는 자연현상"이니까요. 그래서 벼락을 번개라고 하며 학자들은 쌍둥이로 취급하기도 합니다.

죄의 삯은 사망(로마서 6:23)이라고 성경은 말씀하므로 우리는 죽음을 죄의 값이라고 판단하기 쉽습니다. 사람은 죄의 결과로 죽지만, 그것을 모든 상황에 원칙으로 대입할 수는 없습니다. 성경을 보면 예수님도 갈릴리 사람들이 죽은 것과 망대가 무너져 18명이 죽은 것은 죄를 많이 지어서 그런 것이 아니라고 하시며 회개를 촉구하셨습니다(누가복음 13:1~5). 적지 않은 신자들이 착각하는 것이 죄를 다 회개하지 못하면 천국에 가지 못한다고 믿는 것입니다. 그러다 보니 유치원 때 지은 죄까지 기억하려고 애쓰는 모습도 봅니다. 기억하지 못한 죄로 인해 용서를 받지 못한다면 천국에 갈 사람은 아무도 없습니다.

벼락 맞은 신자가 죄 때문에 죽었다고 시험에 들거나 고민할 필요는 없습니다. 현 시대를 잘 보십시오. 죄를 많이 지은 사람들이 호의호식하며 장수하고 자식도 일류대학에 척척 들어갑니다. 벼락 맞아 죽은 신자의 가족을 위로하지는 못할망정 두 번 죽이지 마십시오. 예수님이 죄가 많아서 십자가에서 매달려 돌아가신 것은 아닙니다.

셋째, 하나님의 뜻과 하나님의 섭리는 다릅니다.
하나님의 뜻과 하나님의 섭리를 구별할 줄 알아야 합니다. 벼락 맞아 죽은 신자의 가족들에게 '하나님의 뜻'이라고 말하면 어떨까요? 십중팔구 기분이 매우 상하거나 화가 날 것입니다. 세월호 침몰로 죽은 아이들에게 하나님의 뜻이라고 말했다가 곤욕을 치른 M교회 목사님, 일제강점기 36년이 하나님의 뜻이었다고 교회에서 발언했다가 국무총리가 되지 못한 O교회 장로님이 기억납니다.

그럴 때는 하나님의 뜻이 아니라 하나님의 섭리라고 표현해야 합니다. 왜냐하면 우주 만물이나 인간사의 모든 것은 하나님의 섭리로 이루어지기 때문입니다. 심지어 우리가 우연이라고 말하는 것도 모두 하나님의 섭리입니다. 필연인 것이지요.

이런 말을 하면 화를 내는 분도 있을 것입니다. 하지만 북한의 김 씨 왕조도 하나님의 섭리 가운데 움직이고 있고, 코로나19도 하나님의 섭리(보존, 통치, 협력, 이적)입니다.

넷째, 그리스도인도 조심해야 합니다.
그리스도인도 조심해야 할 것이 있습니다. "믿는 자에게 능치 못할 일이 없다"(마가복음 9:23)고 하면서 독사를 만지거나 독을 마시는 사람이 있었습니다. 미국의 제이미 쿠츠(Jamie Coots) 목사는 평소 교회에서 성령의 기름부음을 받은 신자는 독사에 물려도 사망하지 않는다고 수시로 설교하며 뱀을 만져서 큰 인기를 끌었던 인물입니다. 그는 내셔널지오그래픽에도 출연하는 영광을 누렸습니다. 그러나 2014년 2월, CNN은 '뱀 목사'로 불리던 쿠츠 목사가 독사에 물려 사망했다고 보도했습니다. 그는 뱀에 물렸으나 병원에 가자는 구급대의 설득에도 살아날 수 있다며 병원에 가는 것을 거부하다가 사망했던 것입니다.

다니엘이 사자 굴에 들어가서 살아났다고 하여 나도 사자 굴에 들어가서는 안 됩니다. 그런 기적은 그 당시에 하나님이 살아 계신다는 것을 증명하고 확인하기 위해 하나님이 보여준 단회적 기적이니까요. 이런 기적을 지금도 증명하겠다는 분이 있다면 그렇게 하십시오. 저도 말리지 않겠고 하나님도 붙잡지 않을 것입니다. 왜 그럴까요? 하나님을 시험하지 말라고 했으니까요(마태복음 4:7 / 누가복음 4:12).

예수님을 믿는 사람도 조심해야 합니다. 빨간 신호등이 켜져 있을 때 횡단보도를 건너거나 고속도로에서 무단횡단을 해서는 안 됩니다. 하나님을 시험해 고속도로에서 무단횡단을 하고 싶은 분은 그렇게 하십시오. 하나님이 말리거나 잡지 않습니다.

교회에서도 코로나19가 발생할 수 있습니다. 교회에서 신자 없이 예배를 드리는 사상 초유의 일이 있었습니다. 교회라고 기도만 하고 주의하지 않는다면 전염병을 피할 수 없습니다. 교회가 기도하면 되지 왜 코로나19를 피하느냐고 이죽거리거나 비꼬는 사람들도 있습니다.

말씀하신 기도원이 야외에서 집회를 했는지 아니면 실내에서 했는지 알 수 없지만, 최소한 교회당 탑에 피뢰침을 설치했거나 날씨가 흐리거나 비가 오기 시작했다면 안전한 실내로 기도 장소를 옮겼어야 합니다. 기도원은 대개 높은 산중에 있으므로 더욱더 벼락을 조심해야 합니다.

다섯째, 기도한다고 죽지 않는 것은 아닙니다.

우리가 착각하는 것이 있습니다. 기도를 하면 하나님이 반드시 응답하신다고 믿는 것입니다. 그러다 보니 떼쓰면서 하나님께 매달리고 기도하며 애꿎은 소나무나 뽑습니다. 40일 금식도 하는데, 금식하다가 죽는 사람도 있습니다. 이해는 가지만 바람직하지 않은 기도 방식입니다. 주님의 일을 하고 하나님 나라를 확장시키겠다고 금식 기도를 해도 잘못하면 심각한 후유증으로 병에 걸리거나 죽습니다.

축구감독이나 운동선수는 그라운드에서 죽으면 칭찬을 받습니다. 고시원에서 자다가 화재가 나서 죽어도 안타깝게 죽었다고 합니다. 특히 소방관이 불을 끄다가 화재 현장에서 죽으면 숙연해지고 끝내 눈시울을 붉힙니다.

그렇다면 기도원에서 기도하다가 죽거나 설교하다가 죽으면 최소한 안타깝게 죽었다고 말해야 하는 게 아닙니까? 최소한 죽음 자체를 두고 "왜 기도하다 죽느냐"는 질문은 하지 않아야 합니다. 이것은 제가 강단에서 설교하다가 죽었다고 가정할 때 "왜 설교하던 사람이 죽습니까?"라는 식의 질문이 되기 때문입니다. 설교하다가 죽으면 잘못인가요? 저도 기독교 관련 글을 쓰다가 죽거나 상담을 하다가 죽고 싶습니다.

2005년, 양양 낙산사가 대형 화재로 폐허가 되었습니다. 부처님이 보호하시는데 어떻게 사찰에 불이 납니까?(웃음) 아마 사람들은 기독교에 대해 어떤 반감을 가지고 있거나, 아니면 특별히 무엇인가 영험한 것이 있다고 믿는 것 같습니다. 어쨌든 못된 짓을 하다가 죽거나 예수를 부인하다 죽는 것보다 기도하다가 죽는 것이 낫습니다.

우리 주위에서도 이런 일이 간혹 발생합니다. 새벽기도를 다녀오다가 교통사고를 당해 세상을 떠난 권사님이 있습니다. 교회에서 중고등부 수련회를 갔다가 물놀이 사고로 죽는 아이도 있습니다. 교회에서 야외로 소풍을 가다가 버스가 뒤집혀 중경상을 입거나 심하면 죽는 사람도 있습니다. 이럴 때 교회가 시험에 들지 않아야 합니다. 사람이 할 수 있는 준비는 해야 합니다. 예를 들어 교통신호도 잘 지키고 차량 정비도 철저히 해야 합니다. 여행자보험 가입, 운전자의 면허 가능 및 보험 연령도 확인해야 합니다.

결론입니다. 죽음 자체를 비판하지 마십시오. 우리는 누구나 죽으니까요. 다만 어떻게 죽느냐가 중요하다는 것을 기억하십시오. 아름답게 죽을지, 더럽거나 추하게 죽을지…….

주 안에서 죽는 것이 주 밖에서 죽는 것보다 몇 백 배 낫습니다. 우리는 알 수 없지만 하나님이 섭리로 일하신다고 믿어야 합니다. 이런 안타까운 사건을 통해서 하나님이 선한 일을 이루어내실 것을 믿으며 신앙을 지켜야 합니다.

02
기독교는 죽어서 얻는 구원만 강조하는 종교가 아닌가요?

Q 목사님의 글을 자주 읽는 무신론자입니다. 기독교는 알 수 없는 사후 세계에 대해서만 중요하다고 가르칩니다. 천당, 지옥, 구원 같은 말을 자주 하면서 비현실적인 말만 되풀이합니다. 기독교란 죽음에 대한 사람들의 공포를 이용해 인위적으로 만든 종교가 아닐까요?

A 기독교가 무엇인지 어느 정도는 아시는 분으로 보입니다. 기독교의 본질을 꿰뚫고 있으니까요. 게다가 기본적인 소양과 인격도 갖춘 분으로 평가할 수 있고요. 먼저 솔직하고 정직한 질문에 감사합니다.

'알 수 없는 사후 세계', '공포를 이용한 이익집단'이라는 말에 어느 정도 공감합니다. 말씀하신 대로 기독교의 사후 세계는 천국(낙원)과 지옥(음부)입니다. 예수님이 나를 죄에서 구원해주시려고 십자가에서 죽으시고 다시 살아나셨다는 사실을 마음으로 믿고 입으로 신앙을 고백하면 구원을 받습니다(로마서 10:9~10).

하나님의 자녀가 된 사람은 육신이 죽으면 그 즉시 영혼은 천국으로 갑니다. 그러나 예수님을 믿지 않는 사람은 그가 아무리 선행을 많이 하며 살았어도 지옥으로 갑니다. 이렇게 규정하는 것이 기독교의 일반적이고 보편적인 구원관인 천국과 지옥이며, 대부분의 한국 기독교인은 여기에서 그칩니다. 그러나 이는 기독교의 구원관을 매우 좁게 바라본 것입니다. 이제 몇 가지만 다른 관점으로 기독교의 구원을 들여다보려 합니다.

먼저, 천국은 죽어서 가는 미래에도 있지만 현재도 존재합니다. 우리가 사는 현 세상에도 천국이 이루어져야 합니다. 그런데 대부분의 기독교 신자들은 이런 기본적 교리를 잘 모르거나 교회에서 강조하지 않는 까닭에 죽어서 가는 천국에만 집착하게 됩니다. 아직도 한국교회에서는 죽어야 가는 천국에 초점을 맞추고 있습니다.

게다가 기독교의 본질과 관계없는 기복신앙과 성공신앙이 한국교회에 슬며시 들어왔습니다. 예수님만 믿으면 부자가 되고 출세하고 자식이 복을 받는다는 믿음은 잘못된 것입니다. 그러다 보니 신자들을 크게 셋으로 분류할 수 있습니다.

첫째 유형은 나와 내 가족만 호의호식하고 돈도 많이 벌고 출세하고 명예를 챙기면 그만입니다. 도덕적이고 윤리적인 삶, 타인을 위한 삶은 무시합니다. 기독교를 삶의 도구로만 이용하는 것이지요.

둘째 유형은 세상의 물질, 권력, 명예는 다 필요 없다고 합니다. 세상을 이원론적으로 바라보므로 돈이나 물질을 더러운 것으로 여겨 세상을 등지고 살거나 기도원(수도원)으로 들어가는 것입니다.

셋째 유형은 돈이나 명예를 하나님과 천국의 확장을 위해 사용하고 자신과 가족을 위해서는 절약하며 사용합니다. 세상에서 선하고 좋은 말을 하고 착하게 행동하는 것입니다. 가난하고 소외되고 외로운 사람들을 돌보고 희망과 용기를 주며 살아갑니다. 이 유형이 가장 바람직하지만 대부분 첫째 유형에 속합니다.

기독교에서 말하는 천국은 눈에 보이거나 쉽게 사라지는 물질, 명예나 권력이 아니라 비물질적이고 비가시적인 것에 비중을 둡니다. 하나님의 나라(다른 말로 천국)의 특징인 공의, 정의, 사랑, 평화, 기쁨이 먼저 내 마음속에 이루어져야 합니다. 그 뒤 너와 나의 관계를 통해 가족, 친구, 친척, 직장, 사회에 하나님의 나라가 이루어져야 합니다. 21세기를 살아가는 기독교인은 하나님의 나라가 이 땅에서 이루어지도록 노력해야 합니다. 그것이 기독교에서 말하는 올바른 천국관입니다. 비록 내가 하는 일이 보잘것없고 능력이 적어도 하나님의 나라인 천국을 이 세상에 만들어나가는 것입니다. 그리고 내가 할 수 없는 것은 하나님의 손에 맡기는 것이지요.

반대로 이러한 공의, 정의, 공평, 평화 같은 것이 이루어지지 않으면 바로 현실이 지옥이 되는 것입니다. 이 세상이 지옥으로 느껴질 때가 있습니다. 가난과 사고, 질병과 고통을 겪으며 돈 문제로 형제자매 간에, 욕심으로 부부간에 다툼이 일어납니다. 노사가 더 많이 가지려고 대립하고, 이념 문제로 사회가 갈등을 겪으며, 국가 간의 전쟁으로 많은 사람이 다치고 죽습니다. 우리는 이것을 가리켜 지옥이라 말합니다. 지옥이 실제로 이 세상에도 존재할 수 있다는 것을 의미합니다.

우리는 많이 가졌으면서도 더 많이 가지고자 가난하고 힘없고 못 배운 사람들이 가진 것을 강탈하는 나쁜 사람들을 주변에서 흔히 봅니다. 그들은 부와 명예를 누립니다. 그들에게는 법망도 느슨합니다. 법이 있어도 미꾸라지처럼 잘 빠져나갑니다. 반칙을 일삼으며, 가끔 들키더라도 얼굴에 철판을 깔고 사과하지 않습니다. 악인들과 죄인들이 법의 심판을 받지 않거나 심판을 받더라도 턱없이 약한 경우를 흔히 봅니다. 돈으로 일류 변호사를 선임해 온갖 자료와 도망갈 구멍을 만들어서 빠져나가거나 형량을 줄이기 때문입니다.

이것은 무엇을 말할까요? 세상에서는 완전한 정의, 공의, 심판이 이루어지지 않는다는 것입니다. 그런 범법자들이 심판 없이 평안히 죽는다면 세상은 어떻게 되겠습니까? 예를 들어 북한의 김일성, 김정일은 무소불위의 신(神)과 같이 막강한 권력을 누리다가 매우 평화롭게 죽었습니다. 김일성은 북한 주민들에게 '어버이(아버지) 수령 김일성'으로 부르도록 강요했습니다. 지금도 김일성의 손자는 많은 사람을 죽이고 인권을 유린하며 인간이 누려야 할 최소한의 자유도 강탈하고 있습니다. 게다가 최소한의 먹고살 수 있는 바탕도 제공하지 못하는 독재자입니다.

그런 사람들이 죽어서 천국에 가야 합니까, 지옥에 가야 합니까? 이 질문에 대답할 수 있어야 합니다. 그런 악인들을 위해 하나님이 지옥을 만들었다고 하면 잘못된 것일까요? 이는 세상에서 죄인과 악인을 위해 교도소를 만든 것과 비교할 수 있을 것입니다. 그런 교도소를 없애야 할까요? 재판관은 극악무도한 악인에게는 무기징역이나 사형을 선고합니다. 이와 마찬가지로 하나님이 그런 악인을 지옥으로 보내면 도가 지나칠까요? 이에 대답할 수 있어야 합니다.

태어날 때 빈손으로 온 인생, 죽을 때도 빈손으로 가는 것이 당연한 이치입니다. 무(無)에서 없을 무(無)로 돌아가야 하는데, 세상에 몹쓸 유(有)를 많이 남기고 갔으니 당연히 심판이 있어야 하지 않을까요? 그래야 세상이 공평하고 공의로워지는 것입니다. 지옥은 사람들이 인위적으로 만든 것이 아닙니다. 천국과 지옥은 이 세상에서도 이미 우리 마음속에 존재합니다.

죽음의 공포는 종교인들이 만든 것이 아니라 인간이 스스로 느낀다고 보는 것이 더 정확합니다. 인간은 높은 산에 올라갈 때 재앙, 즉 사고나 죽음을 피하려고 제사를 지냅니다. 에베레스트산에 올라갈 때 제사를 지내지 않는 산악인은 거의 없습니다. 혹 신이 노하여 벌을 내리거나 죽일까 봐 두려워 신을 달래는 것이지요. 우리 조상들이 아침에 물을 떠놓고 빌었던 것도 이와 비슷한 심리입니다.

사람의 마음속에는 신을 무서워하고 두려워하는 것이 숨어 있습니다. 아담과 하와가 죄를 짓고 숨었듯 사람은 죄를 지으면 숨거나 도망칩니다. 무신론자라도 위급하거나 다급하면 신을 찾습니다. 아닌가요? 그래서 "죽을 때가 되면 누구나 유신론자가 된다"는 말도 있습니다.

   죽음에 대한 공포는 종교인이 만든 것이 아니라 사람이 스스로 가지는 것입니다. 죽음은 사람이 선택한 것이지 하나님이 강요한 것이 아닙니다. 하나님은 영원히 살 수도 있고 죽을 수도 있는 길을 만들었는데 사람이 죽음을 선택했을 뿐입니다. 죄를 지었기 때문이지요. 그것도 엄청난 죄를 지은 것입니다. 비록 우리가 보기에는 선악과나무의 열매를 따 먹은 것 같지만요.

   따라서 모든 사람의 마음속에는 죽음에 대한 두려움과 공포가 숨어있습니다. 인간이 풀지 못하는 그 죽음의 문제를 풀 수 있는 열쇠가 기독교입니다. 현재의 지옥과 미래의 죽음 문제를 동시에 풀 수 있는 것이 바로 기독교입니다. 궁금하시면 가까운 교회를 찾아가 담임목사님과 면담을 해보시길 바랍니다.

03

대표기도를 할 때 즉석기도가 올바른가요?

Q 우리 교회는 장로님이 대표기도를 할 때 종이에 기록한 기도문을 낭독하지 않고 즉석기도를 합니다. 그런데 다른 교회에서 대표기도 하는 것을 보니 기도문을 미리 써서 낭독하는 경우도 있습니다. 종이에 미리 적어서 읽는 기도는 은혜가 되지 않습니다. 대표기도를 어떻게 하는 것이 올바른가요?

A 장로님이 기도를 인도할 때 눈을 뜨고 계셨군요.(웃음) 저도 어렸을 때 다른 아이들이 기도할 때 눈을 떴던 적이 있습니다. 그때 주일학교 선생님이 기도할 때 눈을 뜨고 있으면 안 된다고 가르쳤던 것이 기억납니다. 그런 말을 하는 선생님은 왜 눈을 뜨고 있었을까요? 저 같은 아이들을 교육하기 위해서였을까요? 지금도 그 이유를 잘 모르겠습니다. 우리가 기도할 때 눈을 뜨든 말든 관계없이 하나님은 우리의 기도에 귀를 기울이십니다. 다만 눈을 감고 기도하는 데 익숙해져서 눈을 뜨는 사람들이 이상하게 보일 뿐입니다. 예수님 시

대 사람들은 눈을 뜨고 기도했습니다(누가복음 18:13 / 요한복음 17:1 등).

　천주교나 성공회 같은 곳에서는 주로 정형화된 기도문으로 낭독하거나 교독합니다. 그러다 보니 천주교인들은 즉석기도를 잘하지 못합니다. 즉석기도를 하라고 하면 손사래를 치며 질겁하거나 회피합니다. 물론 개신교 신자들 중에도 즉석기도를 회피하는 사람들이 있다는 것을 잘 압니다.

　조선시대에 기독교가 들어올 때부터 교회에서는 즉석기도를 원칙으로 했습니다. 그런데 예배 순서에 대표기도(좀 더 올바른 용어는 기도인도)를 넣으면서 문제가 생겼습니다. 예배 시간은 한정돼 있는데 기도자가 정치·경제·문화·사회 문제는 물론 개인적인 문제까지 언급하다 보니 대표기도가 설교만큼이나 길어지는 경우가 발생한 것입니다. 그래서 교회에서는 대표기도 시간에 어느 정도 제한을 두기 시작했고 그것이 오늘날까지 이르게 됩니다. 개인기도는 길어도 아무 문제가 되지 않지만 대표기도는 그렇지 않습니다.

　지금도 즉석기도를 하는 분들이 10분이 넘게 기도하는 장면을 봅니다. 매우 지루하고 지칩니다. 심지어 하나님의 뜻에 맞지 않은 이상한 기도를 하면 '아멘'이라는 말을 하지 않을 때도 있습니다. 제 경험상 평소에 기도 생활을 잘하지 않는 사람이 대개 대표기도를 오래하는 것 같습니다. 그래야 기도 생활을 열심히 하는 사람으로 보일 수 있으니까요. 하지만 사람은 속일 수 있어도 하나님을 속일 수는 없습니다. 즉석기도를 하면 5분이라는 시간제한에 맞추기 어려우므로 미리 기도문을 작성해 시간을 맞추게 한 것입니다.

또 기도문을 미리 작성하는 이유는 기도하는 습관이 배어 있지 않은 사람들은 회중 앞에서 기도하는 것을 매우 힘들어하기 때문입니다. 자칫하다가는 창피를 당할 수 있으니까요. 그러다 보니 교회에서는 미리 기도문을 작성해 읽는 것도 허용합니다.

대표기도를 할 때 가장 좋은 방법은 교회에서 정해준 시간(보통 3~5분) 안에 낭독할 수 있도록 미리 기도 원고를 작성하는 것입니다. 그런 다음 열 번 이상 반복해서 읽어 암송하는 수준이 되도록 하는 것이 좋습니다. 이렇게 하면 내용을 숙지해 실수도 하지 않고 감정을 더 실어서 기도할 수 있으니까요.

결론을 말하자면, 어느 방법이 옳다고 단정할 수는 없습니다. 두 방법 모두 장단점이 있으니까요. 사견으로는 공적인 예배인 주일예배에는 기도문을 미리 작성하는 것이 좋고, 수요기도회나 금요기도회의 경우는 시간 여유가 있으니 즉석기도를 하는 것도 괜찮습니다. 어떤 방법으로 기도하든 그것을 믿음 여부, 영성의 깊이를 판단하는 기준으로 삼지 마십시오. 저는 공적 예배의 경우는 반드시 기도문을 작성하고 그 외에는 즉석기도를 합니다.

04

목사님의 설교 수준이 낮습니다

Q 담임목사님의 설교가 초등학생(?) 수준이라서 고민입니다. 예를 들어 록펠러가 하던 십일조를 십일조의 모범으로 삼는 실정이니까요. 록펠러가 노조를 탄압하고 불공정하게 기업을 운영했던 사실은 모르고요. 어떻게 하면 좋을까요?

A 알겠습니다. 담임목사님의 설교 수준이 낮다는 것이군요. 그것도 성도님이 신학과 교회사를 어느 정도 공부하는 분이라면 쉽게 알 수 있으니까요. 록펠러를 십일조의 모범으로 든 것은 담임목사님의 잘못일 가능성이 많습니다. 목사님이 석유왕 록펠러에 대해 전반적으로 공부를 하지 않았다는 증거가 됩니다. 최소한 인터넷 사전에서 록펠러가 어떤 인물인지 검색만 했어도 그런 잘못은 하지 않았을 것입니다.

록펠러가 십일조에 충실한 신자였던 것은 분명합니다. 그가 인생 말년에 사회와 하나님 나라의 확장을 위해 좋은 일을 많이 한 것도 사실입니다. 그런데 록펠러가 어떻게 돈을 벌었는지, 돈을 번 과정을 이야기하지 않은 것은 잘못입니다. 노조를 탄압하고 기업을 불공정하게 운영해 돈을 벌었으니까요. 록펠러의 장점과 단점을 함께 이야기하면서 십일조 이야기를 했으면 어땠을까 하는 아쉬움이 남습니다.

저라면 록펠러란 인물을 예로 들어 이야기하지는 않았을 것입니다. 십일조의 내용보다는 십일조 정신을 더 강조했을 것입니다. 더럽게 번 돈이 아니라 깨끗한 돈을 하나님께 십일조로 드려야 한다는 것, 청지기적인 삶을 사는 우리가 소유한 것은 내 것이 아니라 하나님의 것이라는 점을 강조했을 것입니다. 그런 청지기 정신으로 내가 가진 물질을 이웃에게 나눔과 희생으로 드리는 것이 십일조라는 것, 드린 십일조 헌금 없이도 이 세상에서 살아갈 수 있다는 것이 십일조 정신이라고요.

저부터 솔직해지려고 합니다. 목사도 먹고살아야 하고 교회를 운영하려면 돈이 필요한 것이 현실입니다. 그러다 보니 십일조가 없으면 교회의 존립 자체가 위태로울 수도 있습니다. 하나님 나라의 확장을 위해 사용하려면 십일조가 반드시 필요하다고 하면 어떨까요? 성도님들이 힘들게 번 돈을 헌금으로 낼 때의 심정을 잘 압니다.

몇 마디만 조언을 드립니다.

첫째, 교회에 나가는 목적은 예배입니다. 예배에서도 설교 외에 기도, 찬양, 봉헌을 어떻게 하느냐 하는 예전(예배 방법과 순서)도 중요한 부분입니다. 설교는 잘하는데 예전이 마음에 들지 않는 경우도 있으니까요.

둘째, 목사의 인품과 성격도 크게 작용합니다. 성도는 설교 말씀으로 변하기도 하지만, 목사가 하는 말과 행동을 보고 변화하는 경우가 더 많다고 생각합니다.

셋째, 목사의 목회 철학과 방향이 성도와 어느 정도는 맞아야 합니다. 본인은 교육을 원하는데 목사가 선교 중심이라면 적응하기 어렵습니다. 본인은 사회참여나 구원을 원하지만 목사가 영혼 구원에만 집중한다면 견디기 어렵습니다.

넷째, 성찬식이라는 눈에 보이지 않는 하나님의 은혜도 있습니다. 성찬식을 사모해야 합니다. 성찬식에서 우리는 하나님께 많은 은혜를 받는다는 것을 기억해야 합니다.

다섯째, 다른 사람과 함께 예배하며 교류한다는 것입니다. 성도 간의 교제도 매우 중요합니다. 다른 신자들과의 교제가 없거나 이루어지지 않으면 교회에 적응하기 어렵습니다.

개신교에서 설교가 차지하는 비중은 어마어마하며 거의 전부라고 해도 과언이 아니라는 것도 압니다. 한국교회에서도 설교가 더 중요하면 중요하지 덜하지 않습니다. 그럼에도 진지하게 고민할 것이 있습니다.

첫째, 내가 왜, 무엇을 하러 교회에 나가는지 고민해야 합니다.

둘째, 왜 하나님과 예수님을 믿느냐를 따져봐야 합니다. 돈, 마음의 평화, 행복, 건강, 명예가 주목적이라면 곤란합니다.

셋째, 그리스도인이 되는 이유와 목적 그리고 어떻게 살아가느냐를 생각해야 합니다. 나와 가정, 나와 교회, 나와 일터, 더 나아가 나와 국가 및 민족의 관계를 고민해야 합니다. 내가 그리스도인으로서 어떻게 살아가고 행동할지 고민하라는 것이지요. 그리고 이런 것들을 기도하면서 실천에 옮기는 겁니다.

마지막으로, 마태복음 18장 15~17절의 상담 원칙에 의거해 담임목사님과 단둘이 만나 면담하시길 바랍니다. 설교 중에 무엇이 잘못되었는지 근거자료를 가지고 대화하는 겁니다. 자료 없이 대화하면 효과가 없고 도리어 역공을 당할 수 있으니까요. 만약 인격적인 목사님이라면 성도가 근거자료를 내밀 때 자신의 잘못을 인정하고 회개할 겁니다.

주의할 점은 기본적인 예의를 지키는 일입니다. 누구나 무례한 사람과는 대화하기를 싫어하니까요. 특히 그리스도인은 무례하지 않아야 합니다(고린도전서 13:5). 성도들이 이 부분에서 실수하는 것을 흔히 봅니다.

05

직통계시나 신유은사를 강조하는 교회가 건강한가요?

Q 제가 섬기는 교회는 직통계시를 강조하고 기적의 은사를 강조합니다. 계시를 달라고 간구도 하고 기도도 합니다. 교회의 치유 집회에서 병들고 아픈 사람들이 실제로 치유를 받는 모습과 휠체어 없이는 움직이지 못하던 분이 치유되어 걸어 다니는 장면도 여러 번 목격했습니다. 이것은 누가 치유해주시는 건가요? 성령님입니까, 마귀의 역사인 겁니까? 그리고 이런 교회를 계속 다녀도 되나요?

A 휠체어 정도가 아니라 목발을 짚지 않고는 걷지 못하던 분이 목발을 던지고 생생하게 걷는 것도 보았습니다. 맹인이 눈을 뜨는 것도 보았습니다. 그런데 여기에 문제가 있습니다. 불교의 스님, 이슬람교의 이맘, 심지어는 무속인도 병을 고치거나 기적을 행합니다. 그렇다면 스님, 이맘, 무속인이 하는 치유는 성령님의 역사입니까, 사탄의 역사입니까? 그리스도인이라면 사탄의 역사라고 대답해야 정상입니다.

그런 치유나 기적은 기독교의 본질이 아니라 비본질적인 것이라는 점을 이해했으면 합니다. 그런데도 예수님이 병을 고치신 이유를 정통교회는 이렇게 해석해왔습니다. 예수님이 병을 고치고 이적과 기적을 행하는 이유는 사람들을 불러 모으기 위해서가 아니었다고요. 지금처럼 교회 성장을 위한 방법이 아니라는 것입니다. 예수님은 이적과 기적을 통해서 자신이 구약에서 약속했던 메시아라는 것과 하나님의 나라(통치)가 이루어지는 것을 보여주려 했습니다. 사도 바울과 베드로가 기적을 행한 것도 그들이 예수님의 제자(사도)라는 것을 증명하기 위해서였습니다.

「신약성경」이 완성된 이후인 주후 100년경부터는 사도 직분이 사라졌다는 것이 정통신학입니다. 바울, 베드로, 요한의 제자들도 사도라고 불리지 않았습니다. 교부라고 불린 것이 전부입니다. 그런데 현재 누군가가 자신을 사도라고 칭한다면 그것은 바로 자신이 사도 요한이나 베드로와 같다고 주장하는 것이 됩니다. 사도의 말씀은 바울의 13개 서신, 베드로서와 같이 성경말씀이 될 수 있으므로 현재 누군가가 사도라고 하면서 계시를 주장한다면 이단성이 있다고 말할 수 있습니다.

한국교회는 대체로 성도들의 뜨거운 감정과 느낌과 치유를 강조합니다. 지성과 이성을 강조하기보다는 무시하거나 거부하는 경향이 많습니다. 그러다 보니 성경을 잘 가르치지 않아 성도들이 성경에 무지하고 교리를 몰라 이단의 유혹에 넘어가기 쉽습니다. 만에 하나 그런 기적이 사실이고 사탄이 역사하지 않았다고 가정해봅시다. 이럴 때 예수님은 그 기적이 사탄으로부터 온 것인지 아닌지 판단할 수 있는 방법이 있다고 하셨습니다. 은사자가 하는 열매, 즉 선한 말과 행동을 보라고 말씀하십니다. 이해하기 쉽도록 우리말성경으로 마태복음 7장 15~23절을 읽어봅니다.

15. 거짓 예언자를(거짓 목사를) 조심하라. 그들은 양의 탈을 쓰고 다가오지만 속은 사나운 늑대다. 16. 그 열매를 보면 너희가 그들을(거짓 목사를) 알아볼 수 있을 것이다. 가시나무에서 포도를 따고 엉겅퀴에서 무화과를 얻겠느냐? 17. 이처럼 좋은 나무는 좋은 열매를 맺고 나쁜 나무는 나쁜 열매를 맺는다. 18. 좋은 나무가 나쁜 열매를 맺을 수 없고 나쁜 나무가 좋은 열매를 맺을 수 없다. 19. 좋은 열매를 맺지 않는 나무는 모두 찍어 불에 던진다. 20. 이와 같이 너희는 그 열매를 보고 그들을(거짓 목사를) 알게 될 것이다. 21. 내게 '주님, 주님' 하는 사람이라고 다 하늘나라에 들어가는 것이 아니다. 하늘에 계신 내 아버지의 뜻대로 행하는 사람이라야 하늘나라에 들어갈 것이다. 22. 그날에는 많은 사람들이 내게 말할 것이다. '주님, 주님, 우리가 (거짓 목사가) 주의 이름으로 예언하고 주의 이름으로 귀신을 쫓아내며 주의 이름으로 많은 기적을 일으키지 않았습니까?' 23. 그때 나는 그들에게(거짓 목사에게) 분명히 말할 것이다. '나는 너희를(거짓 목사

를) 도무지 알지 못한다. 무법을 행하는 사람들아, 썩 물러가라!'

주님은 거짓 목사를 조심하라고 하십니다(15절). 거짓 목사들이 귀신을 쫓아내고 치유, 방언, 예언 등 각종 기적을 행한다 해도(22절) 열매가 없으면 주님은 썩 물러가라고 하십니다(23절). 거짓 목사가 지옥에 갈 수도 있다는 의미지요.

예언학교를 운영하면서 예언을 가르친다고 돈을 받는 목사가 있습니다. 어느 신학생이 강의 도중 이상해서 돈을 돌려달라고 해도 거절했고, 예언 은사를 받지 못한 사람들이 사기라고 환불을 요청해도 거절했습니다. 물론 그런 은사학교에 가는 신자도 잘못이고, 그런 학교를 운영하는 것도 애당초 있을 수 없는 일입니다. 그런 행위는 하나님이 주신 선물인 은사를 팔아먹는 겁니다. 장사하는 겁니다. 속지 마십시오.

마지막으로 신유, 예언(豫言), 입신처럼 신비로운 은사를 지나치게 강조하는 교회는 건강하지 못할 가능성이 많습니다. 특히 직통계시를 강조하고 지금도 사도가 있다고 강조하는 교회는 이단이라고 해도 과언이 아닙니다. 계시는 중단되고 종결되었습니다(히브리서 1:1~2). 성경이 완성되고 정경이 결정된 뒤부터는 계시가 있다고 믿지 않습니다. 혹 성경이 없는 아프리카나 공산권 같은 곳에서는 가능성이 있다고 봅니다.

06

영유아 아이들 돌봄 때문에 교회 봉사가 힘들어요

Q 아이들이 영유아기라서 주일예배 참석조차 힘든 실정입니다. 간신히 예배드리고 집에 돌아가는 경우가 많습니다. 그런데 목사님이 직장에서 너무 잘되면 교회 생활에 소홀해지기 때문에 "신앙인들은 직장에 너무 열심을 두고 살지 마라", "교회를 우선으로 두고 살아라"고 말씀하십니다. 제 직업이 간호사여서 두 아이를 키우는 것도 전쟁과 같은 일상이기 때문에 교회 봉사는 엄두를 내지 못합니다. 그럴 때마다 주님을 붙들고 기도하며 버티고 버티다 회복의 말씀을 기대하며 주일에 교회에 가면 상처받고 울면서 집에 돌아옵니다. 어떻게 하면 좋을까요?

A 아이들이 있다는 것은 하나님께서 허락하신 기업이요 상급입니다. 구약시대였다면 엄청난 복이지요. 열두 아들을 둔 야곱이 대표적입니다. 하지만 지금처럼 아이 하나 키우는 데도 쩔쩔매는 시대에 두 아이를 키운다니 대단하다고 말씀드리고 싶습니다.

그 아이들을 하나님 안에서 잘 기르는 것이 집사님의 소명입니다. 하나님은 그 일을 통해 영광을 받으십니다. 빨래하고 밥하는 것에서도 하나님은 영광을 받으십니다. 그것이 종교개혁자 마르틴 루터나 장 칼뱅이 외치던 표어입니다.

담임목사님이 무슨 말씀을 하는지 잘 압니다. 한국교회 전제가 성장주의병에 걸려 있습니다. 전도나 선교를 한다고 하지만 속을 들여다보면 교인 수의 증가, 교회당 건물의 대형화, 헌금의 극대화 같은 성장에 집중하고 있는 게 사실입니다. 그래서 목사가 세상 안에서의 삶은 강조하지 않고 교회에만 충성하게 만드는 것을 자주 봅니다. 주일예배는 기본이고 성가대나 주일학교 봉사 같은 것도 필수로 생각하는 목사들이 적지 않습니다. 게다가 새벽기도회, 수요기도회 같은 것도 참석하고 십일조나 각종 감사헌금도 해야 신앙이 좋다고(?) 합니다.

집사님이 섬기는 교회뿐만 아니라 한국교회 대부분이 그런 실정입니다. 목사들이 왜 그러는지 충분히 이해가 갑니다. 결국 돈입니다. 돈이 필요하므로 성장에 목을 맵니다. 하지만 그리스도인은 교회 안에서만 머물러 있는 사람이 아닙니다. 예수님이 말씀하신 것처럼 우리는 교회 속에 있지만 세상 속으로 보내진 사람입니다(요한복음 17:18). 주님은 우리에게 교회당에만 있으라고 한 것이 아니라 세상 속으로 가되 혼합되지 않고 구별된 삶을 살라고 하십니다.

어떤 교회는 세상과의 분리를 강조하며 교회에 충성해야 복을 받는다고 주장합니다. 이는 잘못된 겁니다. 우리는 세상 속의 빛과 소금입니다. 교회당 안에서만 빛과 소금인 신자가 한국교회 교인들입니다. 이기적이고 독단적이며 다른 사람과 협조나 협력을 하지 않는 사람으로 그리스도인을 인식하는 경향이 세상에 팽배하니까요.

도리어 그리스도인은 일터에서 더 열심히 일해야 합니다. 불신자보다 더 열심히 일하고 남이 하기 싫어하는 일도 해야 합니다. 부정이나 불의가 개입되지 않는다면 진급도 해야 합니다. 직업이 간호사라면 집안일로 녹초가 되겠지만 병원에서도 그리스도인 간호사가 되어야 합니다. 환자를 내 가족처럼 사랑하고 아끼며 친절을 베풀어야 합니다. 환자들을 위해 잠시라도 그 앞에서 기도해야 합니다.

그리스도인은 불신자와는 확연히 구별돼야 합니다. 그런 분이 되기를 바랍니다. 가정에서 아이를 잘 먹이고, 입히고, 신앙으로 양육하는 것이 하나님의 일입니다. 담임목사는 싫어하더라도 하나님은 기뻐하십니다. 성장주의에 빠진 목사는 교회가 첫째라고 합니다. 집안일, 회사일보다 교회가 먼저라고 합니다. 하지만 아닙니다. 가정이 깨지면 하나님이 싫어하십니다. 가정이 잘못되어 어긋나거나 깨지면 하나님을 잘못 알게 됩니다. 신앙이 비뚤어집니다. 교회에도 잘 나가지 않게 되어 가나안 성도가 되거나 실족하게 됩니다.

교회에 출석하는 것도 중요하지만 가정에서 아이들을 신앙으로 키우는 것이 더 중요합니다. 식탁 앞에 앉아 함께 식전 기도를 하는 것이 중요합니다. 엄마가 잠깐이라도 시간을 내서 아이들에게 기도하는 모습을 보여주는 것이 바람직합니다. 아이들은 부모의 말과 행동을 보고 자랍니다. 아빠가 무서우면 하나님도 무섭고 두려운 분으로 인식해 불행한 그리스도인이 될 가능성이 커집니다.

엄마가 기도하는 모습을 보여주고, 부모가 성경을 읽거나 함께 책 읽는 습관을 들이십시오. TV는 버리고 그 대신 거실에 커다란 테이블을 가져다놓으십시오. 그곳에서 함께 책을 읽고 대화를 나누면 그것이 최고의 교육입니다. 그런 과정을 거쳐 성장하면 올바른 신앙인이 되고 훌륭한 사회인이 됩니다. 그 많은 아이 가운데 온 인류의 평화와 사랑, 행복에 기여할 인물이 나올 줄 누가 알겠습니까?

교회에서 상처를 받는 것도 압니다. 그 아픔을 함께하고 싶습니다. 하지만 다른 교회에 가도 아마 큰 차이가 없을 겁니다. 대형 교회로 가면 봉사하라는 말은 덜 듣겠지만 또 다른 문제점이 생길 수도 있습니다. 결국 내가 상처를 받지 않아야 합니다. 교회를 통해 위로받는 것도 필요하지만 가장 중요한 것은 예배를 잘 드리는 겁니다. 지금은 아이들 때문에 예배하기도 어려우니 아이들이 어느 정도 클 때까지는 교회에서의 모든 봉사는 포기해야 합니다. 지금도 잘하고 있는 겁니다. 주일예배에 빠지지 않고 참석한다는 것만으로도 참 감사한 일이지요.

하나님은 우리의 중심을 보시는 분이므로 우리가 처한 환경을 이해하시고 마음을 보시며 그 예배를 받으십니다. 비록 집사님이 아이들과 직장에 매여 예배도 잘 드리지 못하지만 하나님은 기뻐하십니다. 하나님은 집사님의 아픈 상처를 바라보고 함께 울고 힘들어하십니다. 그런 분이 바로 예수님이셨습니다.

　하나님은 자매님을 보고 아파하십니다. 함께 울고 웃는 하나님이심을 기억하길 바랍니다. 힘을 내십시오.

07

찬양할 때 손을 들거나 박수쳐도 되나요?

Q 찬양할 때 손을 들고 하라고 하는데 마치 벌을 받는 것 같기도 합니다. 때로는 박수도 칩니다. 왜 그런가요? 우리 목사님은 아기가 부모님한테 갈 때 손을 벌리는 것으로 생각하라고 하는데 동의하기 어렵습니다. 항상 어린 아기가 아니잖아요?

A 동감합니다. 아이도 언젠가는 부모의 품을 떠나 독립하니까요. 많은 사람, 특히 청소년들이 찬양을 할 때 한 손을 높이 들거나 두 손바닥을 하늘로 향하고, 또 박수를 칩니다. 왜 그럴까요? 성경을 보면 유대인들은 하나님께 기도할 때 양 손바닥을 하늘로 향해 펼친 상태로 기도했습니다. 이 행위는 하나님을 향한 무한한 신뢰와 간절한 염원, 의지와 의존을 나타냅니다(시편 63:4, 119:48, 143:6 / 출애굽기 17:9~12 / 이사야 26:9). 하나님께서 약속한 복을 받고자 하는 심정이나 하나님께 자신의 마음을 드리는 것을 뜻하는 행위입니다(시편 28:2).

따라서 찬양을 할 때 손을 들거나 손바닥을 하늘로 향하는 것은 하나님을 신뢰하고 의지하는 행위입니다. 하나님께서 주시는 은혜와 복을 사모하거나 애타고 간절한 나의 마음을 하나님께 표현하는 행위지요.

그런데 강제로 또는 억지로 손을 들게 하거나 박수를 치라고(시편 47:1~2, 98:8) 하는 경우를 종종 봅니다. 손을 들지 않거나 박수를 치지 않으면 이상하게 생각하거나 때로는 조롱하기도 합니다. 이는 잘못된 것입니다. 신앙 행위는 강요하거나 남에게 보여주는 외식적 행위가 되지 않아야 합니다. 하기 싫은데 억지로 하는 것은 별 의미가 없습니다. 반항심만 들어갈 뿐이지요.

저는 찬양할 때 손을 잘 들지 않고 여간해서는 박수도 치지 않습니다. 청소년 시기에 부흥회 또는 사경회 때 말을 함부로 하며 신자들을 하대하고 무지하게 취급하는 부흥강사에게 마음의 상처를 많이 입었기 때문입니다. 박수를 치지 않으면 마귀라고 하면서 '아멘'을 강요하던 목사들의 모습이 40년이 훨씬 지난 지금까지도 제 머릿속에 남아 있습니다.

지금 생각해보면 그들이야말로 배운 것 없고 성경말씀도 제대로 해석하지 못하는 무식한 목사들이었습니다. 지금은 은퇴해 원로목사가 되었거나 이 세상에 없는 사람들입니다. 이것이 1970년대와 1980년대 한국교회의 암울하고 암담한 현실이었습니다. 그런데 아직도 그런 어두운 그림자가 교회에 남아 있어 매우 안타깝습니다.

손을 들거나 박수를 치는 것도 마음에서 진심으로 우러나온 행위일

때 하나님이 기쁘게 받으실 것입니다. 간절히 하나님을 의지하고 내 마음을 드리고 싶을 때 손을 들면 마음에 잔잔한 감흥이 물결칠 것입니다. 요즈음은 박수를 치면 건강에 좋다고 하는 연구 결과도 있으니 굳이 거부할 필요는 없을 것 같습니다.

참고로 주일예배 중에는 사람을 위한 어떤 종류(특히 특송이나 찬양대)의 박수라도 치지 않고 하나님께 예배를 드리는 것이 바람직합니다. 박수를 쳐야 할 일이 있다면 예배가 끝나고 따로 광고시간을 마련하는 것이 옳습니다. 박수치면서 찬양하는 것은 주일오후예배나 기타 찬양이나 기도 집회 때 하는 것이 바람직합니다.

교회가 박수치지 않는 신자를 나무라거나 믿음이 없다고 비난하지 않기를 바랍니다. 언제고 마음에 감동이 오거나 신앙생활에 변화가 찾아오면 자연스레 박수를 치거나 손을 들지 않을까요?

08

코로나시대에 대면 예배를 강행하는 게 옳을까요?

Q 대부분의 교회들이 대면 예배를 원하지만 정부 당국의 방침에 적극 협조해 비대면 예배를 합니다. 최근 소수의 교회가 정부 방침에 반대해 집회를 계획하고 소송을 하고 있습니다. 기독 청년으로서 어떻게 바라보아야 할까요?

A 코로나19 상황에서 천주교와 불교는 정부 시책에 잘 협조해 비대면으로 운영해서 별문제가 없습니다. 그런데 일부 개신교회에서 대면 예배를 강행하다가 감염된 경우가 있었습니다. 그래서 개신교가 세상 사람들에게 지탄의 대상이 되었습니다. 사실 대부분의 성도님들은 대면 예배를 하고 싶은 마음이 굴뚝같습니다. 하지만 자신과 다른 사람들의 전염 방지를 위해서 비대면 예배를 합니다. 그런데 왜 이렇게 대면 예배를 강행하려는 목회자들이 있을까요?

첫째, 한국교회는 언제나 대면 예배를 했다고 말합니다.

일제강점기에도 한국교회는 예배를 드렸다고 말하는 것을 이해합니다. 그러나 현재 개신교만 비대면 예배를 한다면 문제가 됩니다. 불교, 천주교, 심지어 일부 이단들을 제외하면 모두가 정부의 방역 지침과 방향을 잘 따르고 있습니다. 모든 국민, 특히 소상공인들과 청장년들은 이루 말할 수 없는 경제적 고통과 심리적 압박을 겪습니다. 학생들은 등교를 못합니다. 오죽하면 그렇게 학교에 가기 싫어하는 학생들의 소망 1위가 학교에 가고 싶다는 것일까요?

한국의 개신교 신자들만 어려움을 겪는 것이 아닙니다. 교회가 이웃의 아픔과 고통에 참여해야 하지 않을까요? 정부에서 예배 자체를 금지하는 것이 아니므로 온라인 예배이나 가정예배로 대체해도 신학적으로는 별문제가 되지 않습니다.

둘째, 교회 재정이 줄어들어 교회를 운영하기 어렵다고 합니다.

헌금 액수가 적게는 3분의 1, 많게는 2분의 1이 감소했다고 아우성입니다. 소형 교회 목사님들은 몇 달째 사례비를 받지 못하고 있다고 합니다. 월세가 밀리고 보증금까지 까먹는 교회가 속출하고 있습니다. 그런데 교회만 이런 고통을 당하는 것이 아닙니다. 부유층을 제외하고 대부분의 국민이 이렇게 가다가는 굶어죽겠다고 아우성입니다.

이럴 때 교회는 어떻게 해야 할까요? 목사부터 사례비를 삭감하고 생활비나 혜택을 줄여야 합니다. 로마가톨릭교회에서 사제들의 봉급을 적게는 3%, 많게는 10%까지 삭감하기로 했다는 소식을 들었습니다.

셋째, 비대면 예배는 예배가 아니라고 말합니다.

비대면 예배는 예배가 아니라는 생각은 신학적 몰이해나 무지에서 나온 것입니다. 이스라엘 백성은 바벨론 포로로 잡혀갔던 70년 동안 성전에서 예배하지 못하고 회당이나 강가에서 예배했습니다(시편 137:1). 다니엘은 자기 집에서 예루살렘을 향해 하루에 세 번씩 기도하고 감사했습니다(다니엘 6:10). 솔로몬은 성전 완공 후 성전이 보이지 않는 곳에서 이스라엘인과 이방인들이 성전 쪽을 바라보며 기도하면 하나님이 응답하신다고 했습니다(역대하 6:20~7:1).

신약도 마찬가지입니다. 예수님은 두세 사람이 예수님의 이름으로 모이는 곳에 함께한다고 하셨습니다(마태복음 18:20). 주님은 예루살렘 산도 아니요 이 산도 아니고 영과 진리로 예배할 때가 온다고 하셨습니다(요한복음 4:21~23).

지금도 비대면 예배를 하고 있는 이슬람 국가, 북한과 중국에서 드리는 예배나 기도는 하나님이 받지 않으실까요? 심지어 6·25사변 때도 신자들은 공산군의 방해를 피해 가정에서, 굴에서 숨어 예배를 했습니다. 따라서 비대면 예배도 예배로 인정할 수 있습니다.

넷째, 성도를 관리하는 데 어려움을 겪는다고 합니다.

예배당에서 이루어지던 모든 일을 이제는 비대면으로 해야 합니다. 가뜩이나 컴퓨터나 가상공간에 익숙지 않은 나이 든 목사님들로서는 배우기도 어렵고 귀찮기 마련입니다. 하지만 그런 것들은 젊은 성도들이나 목회자들에게 맡기면 됩니다. 심방도 전화나 줌(zoom), 카카오 페이스 톡으로 대신하면 가능합니다. 단톡방이나 밴드를 만들어 그 안에서 소통하고 대화하면 됩니다. 교육 프로그램도 제작해 유튜브나 교회 게시판에 올려놓으면 가능하지 않을까요?

코로나19로 어려움을 겪는 교회가 많습니다. 안타깝지만 지금은 대면 예배만을 주장할 때가 아니고 비대면 예배도 함께하는 것이 바람직합니다. 기독교가 이웃 사랑의 종교는커녕 이기주의와 보신주의로 충만한 집단임을 증명하고 있는 것은 아닌지 모르겠습니다.

투시의 은사가 있다고 합니다

Q 직장 동료로 지내는 기독교인이 하는 말이 어떤 사람을 보면 아픈 부분이 느껴져 본인이 힘들다고 합니다. 저에게도 "몸의 어디어디가 안 좋네"라는 말을 하는데, 치유의 은사와 관련이 있는 건가요? 사실로 믿어야 할까요?

A 사실일 수도 거짓일 수도 있습니다. 그런 것을 일종의 치유나 투시의 은사라고 하는데, 전혀 중요하지 않습니다. 무속신앙이나 민간요법 치유에 많은 영향을 받는 한국 신자들이 그런 비본질적인 것에 관심이 많습니다. 한국 교인들 중에 점을 치거나 신년운세를 봤다는 신자들이 23%라는 조사 결과가 있을 정도니까요(〈국민일보〉 2022년 2월 9일 보도).

요즘 어느 목사가 "신자들이 점을 본다고 비난할 수는 없다"고 말해서 물의를 빚은 적이 있습니다. 그러다 보니 예언(실제는 하나님의 말씀), 투시, 뒤로 쓰러짐 같은 것을 신뢰하는 성령 은사자나 신비주의자를 선호하는 신자들이 적지 않습니다. 특히 나이 많은 권사님들과 여성층에서 그런 경향이 많이 나타납니다. 교회 안에서는 은사나 신비주의와 관련이 없는 것처럼 행동하지만 암암리에 무당 원장이나 무당 목사를 찾아가서 일일이 물어보고 행동하는 사람들이 있습니다.

몸이 아프거나 아플 것 같은 신호가 오면 병원에 가면 되지 왜 그런 데 관심을 가지는지 이해가 안 됩니다. 모든 성령의 은사는 공동의 유익을 위한 것이라는 데 초점을 맞춰야 합니다(고린도전서 12:7). 잊지 않아야 할 하나의 원칙은 성령의 은사는 반드시 공동체에 유익이거나 도움이 돼야 한다는 겁니다. 그러지 않으면 무의미한 것이지요. 요즘에는 치유의 은사인 신유가 공동체를 위한 것이라기보다는 결국 본인의 돈, 물질, 명예와 관련이 있다는 것을 쉽게 알 수 있습니다. 사탄의 역사일 수도 있는 것이지요.

잊지 말아야 할 것은 치유의 은사인 신유가 기독교에만 있는 특별한 은사도 아니고 스님이나 무속인도 가지고 있는 능력이라는 점입니다. 그런 것도 은사라고 불러야 하는지 모르겠습니다. 그런 비본질적인 부분에 신경을 쓰고 관심을 가지면 신앙이 변질되기 쉽습니다. 위험한 신앙으로 갈 수 있는 것이지요.

그런 무당 목사, 무당 권사, 무당 장로를 조심하라고 하는데도 부득불 숨기거나 우기고 가는 분들이 있어 문제입니다. 저라면 그런 직장 동료와는 더 이상 기독교에 대해 이야기하지 않을 것입니다.

10

하나님을 떠났다가 다시 돌아오면 벌을 받나요?

Q 신앙생활을 제대로 하지는 못했지만 어려서부터 부모님을 따라 교회에 다녔습니다. 그리고 한평생 돈 걱정 없이 살고 싶어서 불교를 믿는 집안의 남자와 결혼했는데, 부자인 줄 알았던 시댁으로부터 부채만 잔뜩 떠안게 되었습니다. 작년 겨울부터 너무 힘들어서 십여 년 동안 발길을 끊었던 교회에 다시 나가기 시작했습니다. 지난 과거를 회개하면서 말씀 읽고 기도하고 많이 노력하는데, 자꾸만 하나님께 벌을 받고 있다는 생각이 드네요. 요즘도 조금만 좋지 않은 일이 생기면 '또 벌을 받는구나' 하는 생각이 들어 무척 괴롭습니다.

A 그런 아픈 사연이 있었군요. 미혼 때 믿음이 부족해서 불교 집안인 줄 알면서도 결혼을 했군요. 이해합니다. 자매님과 마찬가지로 그리스도인 자매가 불신자 남자와 결혼하는 것을 가끔 봅니다. 가난에 찌들었던 자신의 모습이 싫어서 남자의 학벌, 직장, 경제

력만 보고 결혼한다는 것도 잘 압니다. 그렇게 결혼하고 나중에 후회하는 자매들이 적지 않습니다. 다만 흔하지는 않지만 남편의 인격이나 성품이 좋아 부부가 함께 교회에 나가 훌륭하게 신앙생활을 하는 경우도 있습니다.

남편에 대한 불평이나 불만이 없는 것을 보니 성격이나 인품이 무난한 분인 것 같군요. 그렇다면 남편도 앞으로 교회에 나갈 확률이 클 것입니다. 함께 교회에 나가자고 말해보십시오. 이 기회에 남편도 전도하는 것이 바람직합니다. 하나님이 많이 기뻐하실 겁니다.

이제 답변으로 들어갑니다. 하나님이 무섭게 느껴져 벌을 받는다고 생각하는 이유가 무엇일까요?

첫째, 하나님이 누구신지 잘 모르기 때문입니다.

미혼 시절에 다닌 교회의 목사님이 매우 엄하고 권위주의적인 분이었거나, 교회 장로님이나 권사님에게 교회에서 멀어지고 타락하면 하나님께 혼이 난다거나 매를 맞는다는 말을 들었을 수도 있습니다. 저주를 받을 수 있다고 말이지요. 여기에는 하나님이 누구신지 자신도 잘 모르면서 공의의 하나님을 들먹이며 지식을 자랑하려는 의도가 숨어 있습니다. 그것이 자매님의 잠재의식이나 무의식에 자리하고 있을 수도 있습니다. 그러다가 현재 내가 하는 일이 잘못되거나 풀리지 않으면 하나님이 벌을 주신다는 느낌이 툭 튀어나오는 것으로 보입니다.

이런 생각은 잘못일 가능성이 큽니다. 가출했던 자녀가 잘못을 뉘우치고 집으로 돌아오면 받아주지 않고 때리거나 벌을 주는 부모가 얼마나 될까요? 거의 없습니다. 하나님은 사랑의 하나님이십니다. 하나님은 자비롭고 은혜롭고 노하기를 더디 하고 인자와 진실이 많은 분입니다(출애굽기 34:6). 하나님이 누구신지를 이만큼 잘 표현한 성경 구절이 없습니다. 벌을 받는 느낌이 들거나 하나님이 두렵다는 생각이 날 때마다 천천히 뜻을 음미하며 암송하기를 바랍니다.

앞으로는 누가 무섭거나 두려운 하나님이라고 말해도 믿지 마십시오. 하나님은 분명히 사랑의 하나님이시니까요. 예를 들어 누가복음 15장에 탕자의 비유가 나옵니다. 둘째 아들이 살아 계신 아버지의 유산을 미리 받아내서 허랑방탕하게 사용하다가 거지 신세로 전락합니다. 그는 돼지가 먹는 음식조차 먹지 못할 만큼 비참한 상황에 이르자 결국 신발도 못 신은 채 아버지에게 돌아옵니다.

이때 아버지가 어떻게 했을까요? 욕을 하거나 저주했을까요? 아닙니다. 전혀 그러지 않았습니다. 아버지는 아들이 무슨 잘못을 했는지 말하지 않았습니다. 그냥 껴안고 함께 울었습니다. 가장 좋은 옷을 입히고 반지를 끼어주고 신발도 신겼습니다. 그러고는 살진 송아지를 잡고 온 동네 사람들을 모아 잔치를 벌였습니다.

그러니 안심하십시오. 자매님이 교회로 돌아왔을 때 하나님은 하늘에서 살진 송아지를 잡아놓고 잔치를 벌이셨을 것입니다. 하나님은 자매님이 지은 죄를 기억조차 하지 않으십니다. 시편 103편 8~14절을 반드시 읽어보기를 바랍니다. 위로가 될 것입니다.

둘째, 육체의 아버지 때문입니다.

육적인 아버지가 어땠는지요? 사랑도 많고 정도 많아서 자매님을 사랑하고 아껴주고 대화를 많이 하신 분인가요? 아니면 툭하면 혼내고 무시하는 아버지였나요? 육적인 아버지가 무섭고 가부장적인 분일 경우 하나님을 그런 모습을 가진 분으로 여길 가능성이 아주 큽니다. 이때는 아버지를 용서해야 합니다. 아버지의 아버지, 즉 할아버지가 내 아버지에게 그렇게 무섭고 두려운 사람이었을 수도 있으니까요. 결국 대물림된 것이라 이해하고 용서해야 합니다. 아니면 내가 모르는 어떤 원인이 있어 아버지가 자매님을 그렇게 응대했을 것이라고 생각해야 합니다.

또 하나 기억해야 할 것은 아버지가 무섭고 엄한 것은 내 책임이 아니라 아버지의 책임이라는 사실입니다. 이것을 인식하고 자각하는 순간 현실에서 벗어나는 데 도움이 됩니다. 저는 운명이라는 말을 거의 쓰지 않지만 이 경우는 어쩔 수 없이 사용합니다. 그런 운명은 바꿀 수 없습니다. 내가 태어나고 자란 가정, 학교, 국가(간혹 가능하지만)를 내가 마음대로 결정하고 바꿀 수는 없으니까요. 바꿀 수 없는 것은 그냥 받아들이는 겁니다. 그게 해결의 지름길이 되기도 합니다.

셋째, 심리적인 영향 때문입니다.

사람은 대개 죄를 지으면 벌을 받는다고 생각하는 경향이 있습니다. 세상에서도 벌을 받으면 죗값을 치른다는 말을 곧잘 합니다. 양심이 자신을 찌르게 되는 것이지요. 그러나 성경은 이를 지지하지 않습니다. 예를 들어 누가복음 15장의 탕자는 타향에서 굶어 죽어가면서 '내가 하나님과 아버지에게 죄를 지었다'고 생각합니다. 그러나 탕자는 거기서 주저앉지 않고 아버지 집에서 하인 노릇을 하더라도 아버지에게 돌아가겠다고 다짐한 뒤 고향으로 갑니다.

자매님도 탕자처럼 잘못을 했더라도 뉘우치고 돌아왔으면 그뿐입니다. 이미 하나님 아버지께 회개했다면 그것으로 충분합니다. 그 후 무슨 일이 안 될 때마다 자꾸 과거를 떠올리며 벌을 받는다고 생각하는 것은 비성경적입니다.

하나님은 동이 서에서 먼 것처럼 자매님의 죄를 기억하지 못하십니다. 하나님은 자매님의 죄를 따라 처벌하지 않는다고 말씀하십니다(시편 103:10). 하나님은 우리가 회개하면 그 죄를 기억조차 하지 않으십니다. 오죽하면 '치매의 하나님', '치매 걸린 하나님'이라는(이사야 43:25 / 예레미야 31:34 / 히브리서 10:17) 별명이 생겼을까요?

11

하나님의 심판은 전쟁이며, WCC 가입 때문인가요?

Q 유튜브를 통해 선교사님들이 소돔과 고모라처럼 이 땅에 하나님이 진노의 불을 떨어뜨리기 일보 직전이라고 하는 말을 들었습니다. 그 진노가 북한의 김정은을 통한 한반도 전쟁과 적화통일이라고 합니다. 하루속히 회개해야 한다고 하는데, 그중 하나가 국내 대형 교회들의 WCC 가입 문제였습니다. 하나님께서는 이 문제를 일제강점기 때 기독교의 신사참배 허용과 같은 것으로 보신다고 하는데, 선교사님들의 주장이 사실일까요? 곧 전쟁이 날 것만 같아 매우 불안합니다.

A 결론부터 말씀드리면 유언비어 수준입니다. 사회가 불안할 때마다 어김없이 등장하는 것이 바로 임박한 종말론과 음모론입니다. 1959년 예장통합이 WCC(세계교회협의회)에 가입했고, 그 뒤로 대형 교회들이 교단의 방침에 따라 WCC에 자동으로 가입되었겠지요. 그런데 WCC에 가입했다고 해서 하나님이 소돔과 고모라처

럼 진노의 불을 떨어뜨리기 일보 직전이라고 하는 내용은 매우 설득력이 떨어집니다.

김정은의 할아버지인 김일성이 남한을 적화통일하려고 준비한 것이 벌써 70여 년 전의 일입니다. 1950년에 6·25사변이 일어난 것도 한국교회가 WCC에 가입했기 때문인가요? WCC에 통합교단이 가입한 것은 1959년이므로 전혀 관계가 없습니다. 하나님의 진노가 북한 김정은을 통한 한반도 전쟁과 적화통일이라는 것 또한 아무런 근거가 없는 유언비어입니다. 아니면 지각이 부족한 근본주의 목회자들이 모든 책임을 WCC로 돌리려는 음모일 것입니다.

하나님은 소돔과 고모라가 도덕적·윤리적으로 타락할 때는 심판을 하셨습니다. 이스라엘을 심판하실 때 이웃 나라인 앗수르나 바벨론을 심판의 도구로 삼은 것은 그들이 하나님을 배반하고 우상을 섬기고 하나님의 말씀에 불순종한 결과라는 것이 구약 선지서에 나타난 일관된 주제입니다. 마찬가지로 한국교회가 타락해서 소금과 빛의 역할을 하지 못해 하나님이 심판을 하신다면 혹 이해할 수도 있지만, WCC 가입을 이유로 돌리는 것은 설득력이 매우 약합니다.

백번 양보해 한국교회가 WCC에 가입해서 하나님이 전쟁으로 심판하신다면 WCC에 가입한 미국, 영국, 독일, 네덜란드의 교회들은 하나님이 어떻게 심판하시나요? 북한 김정은을 통한 핵폭탄과 마사일인가요? 이는 마치 초등학생 수준의 유치한 이야기입니다.

조선이 36년간 일제의 지배를 받은 이유가 무엇인가요? 우상을 섬기고 하나님께 불순종했기 때문이라고 주장한다면 매우 곤란합니다. 1910년 한일합방 당시 한국의 그리스도인은 겨우 2~3% 수준이었습니다. 지금처럼 20% 정도가 아니었다는 겁니다. 그 대신 천도교, 불교, 유교가 국민의 마음을 지배하고 있었습니다. 그리스도인 비율이 1%도 되지 않는 일본은 신도와 불교를 믿는 국가인데 누가 심판하나요? 여기에 대답할 수 있어야 합니다.

한반도에서 언제 전쟁이 발발할지는 아무도 모릅니다. 평화적 상태가 언제까지 지속될지 아무도 모릅니다. 지구상의 유일한 분단국가인 대한민국에 몹시 호전적인 북한의 지도자가 존재한다는 것 자체가 위험한 일입니다. 2015년 12월에도 홍모 전도사가 전쟁이 일어난다고 예언해서 한국을 떠난 맹신자들이 있었지만 전쟁은 일어나지 않았습니다. 사회가 불안할 때마다 임박한 종말론과 음모론이 어김없이 등장했다는 것을 기억하십시오.

참그리스도인은 세상에 큰 소망을 두지 않습니다. 세상에는 참기쁨과 참소망이 존재하지 않기 때문이며, 설사 있어도 일시적이고 영원하지 않습니다. 인생살이는 수고와 슬픔뿐이요(시편 90:10), 엉겅퀴와 가시덤불 속에서 사는 것과 흡사합니다(창세기 3:18). 우리가 세상에 나올 때 울면서 태어난 것처럼 죽을 때는 다른 사람들이 울면서 세상을 하직합니다.

그리스도인의 시민권은 하늘나라에 있습니다(빌립보서 3:20). 우리는 이중국적자로서 이 지구상에서 생명이 끊어지는 순간 곧장 하나님 나라로 갑니다. 그렇게 기다리던 천국(신학적으로는 낙원)으로 가는 것이지요. 천국에 대한 소망과 기대가 없는 그리스도인은 구원이 무엇인지 아직 입문도 하지 못한 사람입니다. 우리는 지상의 죽음을 불신자처럼 마냥 공포와 두려움으로 바라보지 않습니다.

그리스도인은 북한의 김정은이 핵과 미사일로 당장 내일 공격을 해오더라도 각자 처한 환경에서 묵묵히 하던 일을 하나님 앞에서 하는 사람입니다. 결코 믿음 없는 사람들처럼 걱정하고 불안해하며 해외로 도망가거나 술과 마약을 하며 타락하지 않습니다. 그리스도인 교사는 아이를 가르치고, 그리스도인 버스기사는 버스를 운전하고, 그리스도인 전업주부는 저녁에 아이들에게 줄 맛있는 된장찌개를 끓입니다.

물론 불안할 수도 있지만 우리는 소망을 잃지 않기에 희망이 있고 기쁨이 있습니다. 그러니 기죽어서 살아갈 필요 없습니다. 인간인지라 불안과 공포가 엄습할 때마다 천국을 소망해야 하고, 하나님께 죽든지 살든지 내 생명을 맡기는 것이 중요합니다. 그 나머지는 하나님이 해결하십니다. 그래서 우리의 생명은 내 것이 아니라 하나님의 것입니다. 예수님이 십자가에서 죽으실 때 우리의 생명도 이미 함께 죽었습니다(갈라디아서 2:20). 그리고 주님의 부활로 우리도 부활의 소망을 가지게 된다는 것을 믿음으로 소유해야 합니다(로마서 8:11).

부디 두려움에서 벗어나 자유롭고 활기차게 사시길 바랍니다.

12

천 원 헌금에 하나님이 거지냐는 꾸지람을 들었습니다

Q 청년부 예배 중에 목사님이 헌금에 대한 말씀을 하다가 하나님이 거지냐면서 어떻게 천 원을 헌금할 수 있느냐고 꾸지람을 했습니다. 제가 월급을 받을 때는 꾸준히 십일조와 감사헌금을 했는데, 작년부터 사업을 시작하면서 적자를 면하기 어렵습니다. 게다가 코로나19로 더욱더 힘들고 어려워졌습니다. 정말 목사님이 하시는 말씀이 옳은가요? 교회에서는 창피해서 누구에게 물어볼 수도 없습니다.

A 요즘 얼마나 힘들고 어려울까요? 거기에 코로나19까지 덮쳐 미래가 보이지 않으니 답답하기만 할 것입니다. 밤에 잠도 잘 오지 않고 미래를 생각하면 한숨만 나오겠지요. 한마디로 죽을 맛일 것입니다.

잘 참았습니다. 만약 제가 그 자리에 있었다면 자리를 박차고 나갔을지도 모릅니다. 그 목사님은 헌금의 정신과 개념이 무엇인지도 모르는, 돈을 밝히는 목회자라고 봐도 될 것 같습니다. 하기야 십일조를 하지 않으면 지옥에 간다고 하고, 교인 명부에서 제외시키겠다고 말하는 정신 나간 목사들도 있었으니까요. 그들은 목사라고 부르기조차 민망한 사람들입니다.

하나님이 거지냐면서 겨우 천 원을 헌금한다고 싫은 소리를 하는 목사가 있다는 말은 많이 들었습니다. 목사가 그런 헛소리를 하면 한쪽 귀로 듣고 다른 쪽 귀로 흘려버리면 됩니다. 상처받지 마십시오. 하나님은 거지도 아니고 부자도 아닙니다. 그렇게 비유하는 것 자체가 잘못입니다. 사물, 물건, 재물 등 모두가 하나님의 것인데(시편 24:1, 50:8~14 / 고린도후서 5:18) 하나님이 어찌 우리 인간에게 헌금을 바라겠습니까? 하나님은 우리에게 물질을 바라시지 않습니다. 물질이 필요한 대상은 하나님이 아니라 사람이라는 것이 정확한 표현일 것 같습니다.

하나님이 우리 그리스도인에게 바라는 것은 제물과 함께 드리는 제사가 아니라 통회하는 마음입니다(시편 51:17). 이 말이 무슨 뜻인가 하면 소, 양, 비둘기를 하나님께 제물로 바칠 때 나 대신 죽은 동물을 생각하며 내 죄를 뉘우치고 회개하는 마음이 필요하다는 것입니다. 만약 그 동물이 내 죄를 대신해 죽었다는 마음이 없으면 그 동물을 바쳐도 아무런 의미가 없습니다. 제물 대신 드리는 예물인 돈도 마찬가지입니다. 교만하고, 자신을 드러내어 자랑하고 싶고, 어떤 목적을 가지고 하나님께 바친다면 온갖 금은보화를 바쳐도 아무런 소용이 없습니다.

헌금은 각 사람이 자기 형편에 따라 내는 것입니다(고린도전서 16:2).

하나님은 헌금을 자발적으로 하라고, 헌금할 돈이 없으면 억지로 하지 말라고 하십니다(고린도후서 8:11~12). 헌금은 마음에 작정한 대로 해야 하는 것이지 마지못해 하거나 억지로 해서는 안 되고 기쁘고 즐겁게 해야 합니다(역대상 29:6, 29:9 / 고린도후서 9:7 등). 한마디로 기쁘고 즐겁게 헌금을 해야 한다는 것입니다.

고린도후서 9장 7절의 '인색함'이라는 말은 쩨쩨하다거나 구두쇠라는 의미가 아니라 헬라어 '뤼페'로서 고통이나 슬픔을 의미합니다. 즉, 헌금할 때 아까워서 슬퍼하거나 고통스럽게 바치는 행위를 뜻합니다. 헌금할 때 얼마를 하든지 마음이 편안해야 한다는 것이지요. 10만 원을 할 수 없이 억지로 헌금하면서 괴로워하고 아까워하면 헌금의 의미가 사라진다는 것을 반드시 기억해야 합니다. 거꾸로 설명하면 하나님께 천 원을 헌금해도 하나님은 기쁘게 받으실 수 있고, 1억 원을 헌금해도 하나님이 기뻐하며 받으시지 않을 수도 있다는 것입니다.

우리 주변에는 천 원도 헌금하기 어려운 분들이 있습니다. 노인들이 하루 종일 폐지를 주워서 팔면 겨우 5천 원, 많아야 1만 원을 법니다. 그런 분들에게 천 원이 얼마나 귀할까요? 사실 우리는 동냥하는 걸인에게 천 원짜리 한 장도 잘 주지 않습니다. 백 원짜리 동전 몇 개가 고작 아닙니까?

예수님은 과부의 두 렙돈(현재 시가로 1~2천 원 정도)을 칭찬하셨습니다. 형제님이 천 원을 헌금했다고 실망하거나 마음 상하는 일이 없기를 바랍니다. 그 헌금을 내면서 얼마나 마음이 아팠을까요? 내지 않자니 뭔가 마음에 걸리고 내자니 손이 부끄러웠을 겁니다. 헌금을 더 하고 싶어도 못하는 마음을 하나님은 보고 계십니다. 만약 헌금을 하지 못할 때가 있으면 그때는 마음을 드리시길 바랍니다. 이 말을 하는 제 마음도 아픕니다. 하나님은 그 아픈 마음을 보시고 눈물을 흘리실 것입니다.

고아와 과부, 나그네를 사랑하셨던 하나님을 기억해야 합니다. 가난하고 소외되고 병든 사람들과 친구가 되셨던 예수님을 바라보며 신앙생활을 해야 합니다.

그리스도인은 할 수만 있다면 적은 소유, 적은 염려, 많은 자유를 주 안에서 누려야 합니다. 우리의 소유는 하나도 없고 잠시 동안 빌려서 사용하는 것으로 청지기일 따름입니다. 청지기의 자세로 살아야 행복할 수 있습니다.

마지막으로, 말을 잘못한 청년부 목사님 대신 나이 먹은 제가 대신 사과합니다. 힘을 내십시오.

⑬

십일조를 다른 교회나 단체, 개인에게 해도 되나요?

Q 저는 기독 청년으로 8년 전부터 지금의 교회로 옮겨 신앙생활을 하고 있습니다. 저는 어릴 적부터 당연히 십일조를 하고 있습니다. 그런데 어느 날 한 교역자가 제 십일조 기록을 보고 월급에 비해 적은 것 같다고 이야기했습니다. 그때부터 십일조를 드릴 때마다 신경이 쓰여 마음이 좋지 않습니다. 교회를 옮기고 싶다는 마음까지 들 정도입니다. 그런데 십일조를 재정적으로 어려운 개척교회나 기금이 필요한 단체에 기부하는 방식으로 드리면 어떨까 하는 생각이 들었습니다. 현재 교회는 교인이 천 명 정도 되는 작지 않은 교회입니다. 십일조는 반드시 출석하는 교회에서 드려야 하는 것인가요?

A 참으로 대단한 믿음을 가진 청년입니다. 박수를 보냅니다. 아마 저 같아도 기분이 나빴을 것입니다. 신자가 월급을 많이 받든 말든 목사가 관여하거나 신경 쓸 까닭이 없습니다. 신

자가 최저임금을 수령한다든지 수입에 비해 헌금을 많이 하면 목사는 마음이 아픕니다. 특히 극빈자가 헌금을 많이 하면 목사의 마음은 찢어집니다. 그 어려움과 고통을 알기 때문입니다. 몇 년 전 시골 교회에서 늙고 가난한 집사님이 서울에서 방문한 저 같은 목사를 대접하려고 옥수수를 쪄서 가져온 것을 보고 눈물로 기도한 적이 있습니다.

목사가 십일조 기록을 볼 수는 있습니다. 재정부원이 있지만 목사가 열람할 수는 있으니까요. 그럼에도 목사는 돈, 재정과는 담을 쌓아야 합니다. 개척교회를 제외하고는 교회의 모든 경제 및 재정은 재정담당이 전담하는 것이 바람직합니다. 그러나 간혹 그렇게 하지 않는 교회에서 문제가 생길 때가 있습니다.

십일조 내역을 보는 의도와 목적이 무엇이냐가 중요합니다. 목사가 신자들이 십일조를 하느냐 하지 않느냐를 알려고 하는 것은 괜찮다고 봅니다. 십일조는 신앙의 성숙도를 평가하는 하나의 척도로 인정받고 있으니까요. 교회 출석, 봉사, 전도, 교육처럼 신자를 외형적으로 평가할 수 있다는 데는 동의합니다. 그런 것 외에는 신자의 믿음과 내면을 알기가 어려우니까요.

헌금 액수로 신자를 평가할 경우 실수를 범할 수도 있습니다. 하나님은 우리의 헌금 액수를 보고 믿음을 평가하는 것이 아니라 마음과 중심을 보시고 평가하십니다. 하나님께 감사해서 헌금하고 불우한 이웃을 위해서 헌금하는 것을 하나님은 원하십니다. 모든 것이 하나님의 것인데 왜 하나님이 우리가 가진 물질을 탐하시겠습니까? 드릴 돈이 없어서 눈물을 대신 드린다면 하나님은 그 눈물을 닦아주시고 위로해주실 겁니다. 그리고 자신의 주머니를 털어서 주실 겁니다.

그 목사님은 크게 회개해야 합니다. 그러지 않으면 차라리 목사직을 내려놓아야 합니다. 그 목사님은 돈 자체를 본 것입니다. 목사는 돈, 명예, 권력을 초월해야 합니다. 이것이 가장 기본적인 목사의 소양이요 자질입니다.

현재 섬기는 교회가 이단이나 사이비성 교회가 아니라면 옮기지 않는 것이 좋습니다. 우선 기억해야 할 것이 십일조의 용도입니다. 구약 때는 십일조를 제사장과 레위인, 성전 건축 및 수리, 가난한 이웃에게 사용했습니다. 현재도 마찬가지입니다. 십일조는 목회자와 직원, 교회당 운영비와 교회당 건축 및 수리에 사용되는 것이 당연합니다. 또 교인을 비롯해 불우한 이웃에게 사용하는 것이 올바릅니다.

그런데 여기서 문제가 발생합니다. 한국교회에서 불우한 이웃에게 건네는 사회봉사와 구제금이 전체 헌금의 10%를 넘지 않습니다. 우선 교회에서 불우한 이웃에게 사용되는 헌금의 비율을 먼저 알아보십시오. 대개 연말정산을 하면서 교회에 자료가 남습니다. 관리사무실에 가면 담당직원이 알려줄 것입니다.

만약에 귀 교회가 30%를 넘는다면 잘하고 있다고 해도 과언이 아닙니다. 그렇다면 지금 섬기는 교회에 십일조를 하는 것이 올바르게 보입니다.

문제는 대부분 10%를 넘지 않는다는 데 있습니다. 이때는 사실 적당한 방법이 없습니다. 당회에서 결정한 것을 일개 신자가 고칠 수는 없습니다. 담임목사님의 목회 철학은 선교와 교육 그리고 구제 중 한 가지입니다. 제 경우는 교육을 최우선으로 합니다. 이것을 어떻게 변경할 수 있겠습니까? 거의 불가능합니다.

다음에서 십일조를 본교회에 하지 않을 경우 발생할 수 있는 문제점을 생각해봅니다.

첫째, 본인이 불이익을 받을 수 있습니다.

십일조를 하지 않으므로 직분을 맡기 어려울 수 있습니다. 잘해야 서리집사 정도이고 안수집사, 장로나 권사는 어림없는 경우가 많습니다.

둘째, 교회 재정이 어려워질 수 있습니다.

목사나 직원들의 사례비나 월급을 지급하는 데 차질이 생길 수 있습니다. 교회당 수리나 각종 행사 그리고 교회를 운영하는 데 문제가 생길 수도 있고요. 또한 구제나 선교 같은 하나님의 사업이 어려워질 수 있다는 것도 염두에 두어야 합니다.

셋째, 본인의 만족이나 자랑이 목적이 될 수 있습니다.

다른 교회에 헌금하거나 단체에 기부하면 대개 자신이 누구인지 알리게 되므로 본인이 만족하거나 자랑하는 마음이 생길 수 있습니다.

우쭐하거나 교만한 마음이 들어갈 수 있는 것이지요. 그러므로 하나님과 거리가 먼 사람들의 눈치를 보게 되기 때문에 무기명으로 해야 합니다.

넷째, 후원자에게 의존하게 만들 수 있습니다.

개척교회 목사나 이웃이 후원자에게 의존을 하게 됩니다. 심지어 후원자가 무슨 말을 해도 들어줄 수밖에 없는 처지에 놓이게 될 수도 있습니다. 하나님께 의지하는 게 아니라 사람에게 의지할 수 있다는 것입니다.

저도 예전에 자식들이 다니는 교회에 제법 큰돈을 십일조로 드린 기억이 있습니다. 그래서 자식들이 특별대우(?)를 받고 사랑과 귀여움을 독차지했다는 것을 잘 압니다. 그 교회당 앞을 지날 때마다 어깨를 으쓱하던 기억이 납니다.

결론적으로, 본교회가 십일조를 포함한 헌금을 불우한 이웃을 돕는 데 매우 적게 사용하거나 이를 외면한다면 다른 개척교회 또는 불우한 이웃을 개인적으로 돕거나 본인이 필요하다고 생각하는 데 사용할 수도 있다고 봅니다. 일부는 본교회에 하고 나머지는 다른 곳에 할 수도 있고요.

다만 이때 주의할 점은 무기명으로 해야 한다는 겁니다. 왼손이 하는 일을 오른손이 모르게 하는 것이지요. 특히 세금을 돌려받으려고 개척교회나 단체에 헌금(기부금) 영수증을 발행해달라고 하는 것도 피하는 게 좋습니다. 정말 순수하게 헌금하고 기부하라는 겁니다. 본교회에서 어떤 직분을 맡는 것도 포기할 각오와 용기와 확신이 있다면 다른 곳에 헌금해도 됩니다.

Chapter 02

교회 상담

01

니케아 신경과 사도신경의 차이점을 알고 싶습니다

> **Q** 천주교에서 사용하는 사도신경은 개신교에서 사용하는 것과 약간 차이가 있는 것 같은데, 정확히 알고 싶습니다. 혜화동성당은 니케아 신경을 사용하는데, 개신교에서도 사용하는 교회가 있는지 알고 싶고요.

A 한국 개신교인들에게는 다소 낯선 신앙고백이 있는데, 바로 니케아 신경입니다. 니케아 신경은 예수님을 피조물로 보는 아리우스파('여호와의 증인'의 선배 격)를 정죄하기 위해 채택한 신앙고백입니다. 니케아 신경은 주후 325년에 제정되었으나 381년 콘스탄티노플 회의에서 개정되었습니다.

니케아 신경(실제로는 '니케아 콘스탄티노플 신경'이지만 약칭으로 니케아 신경이라고 함)은 기독교장로회(기장)에서 사용하고 있습니다. 사도신경과 니케아 신경을 비교해보면 두 신경이 어느 것 하나 빗나간 곳이 없다는 것을 알게 될 것입니다. 도리어 니케아 신경이 사도신경보다 삼위일체 하나님을 더 깊고 넓게 표현한다는 것을 알 수 있습니다. 그리스도인이 무엇을 어떻게 믿는지 알 수 있는 매우 좋은 신앙의 표준이라는 것도 느껴집니다.

한국 개신교와 천주교 모두 예배할 때 사도신경으로 신앙을 고백합니다. 말씀하신 대로 개신교와 천주교가 사용하는 한국어 사도신경은 다소 차이가 있습니다. 크게 세 가지만 살펴보려 합니다.

첫째, 천주교는 예수님이 죽고 지옥(저승)에 가셨다고 고백하지만, 개신교는 예수님이 장사 후에 지옥에 가셨다고 고백하지 않습니다. 하지만 새 사도신경에는 각주로 지옥에 가셨다고 표시해 아쉬움을 달래줍니다.

둘째, 천주교는 모든 교회를 일반적 또는 보편적(Catholic) 교회로 인정하여 단 하나의 교회로 인정합니다. 개신교도 모든 교회를 공(公)교회 또는 보편적인 교회(universal)로 믿어야 합니다. 그런데 이런 깊은 뜻을 간과하여 개신교는 개별 교회를 지나치게 강조하는 경향이 있습니다. 새 사도신경은 이런 뜻을 명확하게 하기 위하여 거룩한 공회를 거룩한 공교회로 변경했습니다.

셋째, 천주교는 세상에 사는 신자들과 천국과 연옥에서 지내는 영혼들이 기도와 선행으로 서로 도울 수 있다고 합니다. 하지만 개신교는 성도 간의 교제를 살아 있는 성도들로 한정하며, 기도와 선행으로 다른 신자들의 구원을 도울 수는 없다고 합니다.

즉, 천주교는 죽은 사람들과의 교제가 이어진다고 보지만 개신교는 이를 수용하지 않습니다. 한번 죽으면 다시는 회개하거나 구원받을 기회가 없다는 것이 옳습니다.

드물지만 개신교에서도 니케아 신경을 사용하는 교회가 있습니다. 예를 들어 기장의 경동교회는 성탄절이나 부활주일, 추수감사주일 예배 때는 니케아 신경을 낭독합니다. 한국 천주교에서도 니케아 신경이 길기 때문에 사도신경으로 신앙고백을 하지만, 혜화동성당과 이태원성당은 니케아 신경으로 신앙고백을 합니다.

다음에 교회사적으로 중요한 몇 개의 공회 결과를 정리해봅니다.

325년 니케아 회의 : 예수 그리스도는 하나님이시다.
328년 콘스탄티노플 회의 : 성령도 하나님이시다.
431년 에베소 회의 : 인간은 타락하고 부패하였다.
451년 칼케돈 회의 : 예수 그리스도는 인간이며 동시에 하나님이시다.

이런 교리가 생긴 이유는 정통교회가 이단의 공격을 당했기 때문입니다. 기독교 신앙을 가장 기본적으로 표현한 것이 니케아 신경, 아타나시우스 신경, 칼케돈 신경입니다. 17세기 종교개혁자들도 이 신경을 부정하거나 수정하지 않고 모두 수용했습니다. 오늘날 이런 믿음의 고백들이 개신교(기독교), 로마가톨릭(천주교), 동방정교(그리스정교나 러시아정교)의 뿌리가 되었습니다.

다음은 기장에서 사용하는 니케아 신경입니다. 그러나 경동교회 외에는 사용하지 않을뿐더러 대부분의 교인이 니케아 신경의 존재 자체를 모릅니다. 사도신경과 비교해가면서 읽어보면 좋을 것으로 봅니다.

우리는 한 분이신 성부 하나님을 믿습니다.
그분은 전능하셔서 하늘과 땅과, 이 세상의 보이고 보이지 않는 모든 것을 지으셨습니다.

우리는 한 분이신 주 예수 그리스도를 믿습니다.
그분은 모든 시간 이전에 성부에게서 나신 하나님의 독생자이십니다.
그분은 하나님에게서 나신 하나님이시요,
빛에서 나신 빛이시요, 참 하나님에게서 나신 참 하나님이시며,
성부와 같은 분으로, 낳음과 지음 받은 분이 아닙니다.
오히려 그분을 통해서 만물이 지음 받았습니다.
그분은 우리와 우리의 구원을 위하여 하늘로부터 내려오시어,
성령의 능력으로 동정녀 마리아에게서 태어나 참 인간이 되셨습니다.
우리 때문에 본디오 빌라도 치하에서 십자가형을 받아 죽임을 당하시고 묻히셨으나,
성경의 말씀대로 사흘 만에 부활하셨습니다.

그분은 하늘에 올라 성부 오른편에 앉아 계십니다.

그분은 산 이와 죽은 이를 심판하러 영광 가운데 다시 오실 것입니다.

그리고 그분의 나라는 끝이 없을 것입니다.

우리는 주님이시며 생명을 주시는 성령을 믿습니다.

성령은 성부와 성자로부터 나오시어, 성부와 성자와 더불어 예배와 영광을 받으시고,

예언자(선지자)들을 통하여 말씀해오고 계십니다.

우리는 하나이고, 거룩하며, 세계적이고, 사도적인 교회를 믿습니다.

우리는 죄를 용서하는 하나의 세례를 믿습니다.

우리는 죽은 이들의 부활과, 오고 있는 세계에서 살게 될 것을 믿습니다.

아멘.

02

공개 회개를 강요하는 교회가 올바른가요?

Q 교회에서 공개 회개나 공개 고백을 강요합니다. 간증 내용이 거의 불륜이나 성적 타락 등인데, 모든 사람이 죄인이라는 생각이 들기도 하지만 신자들이 죄짓는 것을 별 것 아니라고 생각하게 될 것 같습니다. 그런데 교회 신자들이 계속 늘어나는 걸 보면 이런 방법도 하나님께서 사용하신다고 믿어야 할까요?

A 갑자기 교회에서 교인들 앞에 나와 "나는 모 여자 집사님과 불륜을 저질렀습니다" 하는 남편과 "결혼 전에 숨겨놓은 아이가 있습니다" 하고 공개 고백을 하는 아내를 어떻게 평가해야 할까요? 적지 않은 목사들과 신학자들이 공개 회개나 공개 고백을 강조하는 교회와 단체를 걱정스럽게 바라보고 있습니다.

"서로 죄를 고백하라"는 말씀이 야고보서 5장 16절에 있는데, 가톨릭에서 고해성사를 의미하는 구절로 사용하고 있으나 개신교는 수용하지 않습니다. 차라리 신자 간에 일대일로 죄를 고백하라는 의미는

혹 가능할 수도 있지만 이 또한 공개적으로 한다는 의미는 아닙니다. 다음과 같이 서로 죄를 고백하는 것이 도움되는 경우도 있습니다.

(1) 어떤 개인에게 죄를 짓고 용서를 구하는 경우
(2) 죄와 싸우면서 도움을 줄 수 있는 신자에게 죄를 고백하는 경우
(3) 개인적인 죄에 대해 하나님께 회개기도를 해도 만족하지 못할 때 교회 지도자에게 죄를 고백하고 도움을 받는 경우

이 경우도 비공개적으로 극소수 사람들 간에 이루어져야 합니다. 다만 교회 전체에 죄를 지었을 경우는 공적으로 죄를 고백하는 것을 수용할 수도 있습니다. 주로 목회자들이 이 경우에 해당합니다.

죄를 공개적으로 털어놓고 자주 듣게 되면 죄에 대한 인식이 흐려지고 죄의 강도나 경중을 따지고 도리어 죄를 등한시하는 역효과가 발생할 수 있습니다. 큰 죄만 죄로 인정하는 상대적 죄의 개념이 작용하게 되는 것이지요.

얼마 전 한 자매와 상담한 내용도 마찬가지입니다. 구역예배에서 소소한 죄를 고백했더니 다른 분들이 시큰둥해하면서 더 크고 비밀스러운 죄를 공개하라고 압박했다고 합니다. 그 자매는 이 일로 무척 고민하고 방황하다가 견디다 못해 다른 교회로 옮겼습니다.

성경을 살펴보려고 합니다. 구약의 다윗도 밧세바를 범하고 우리아

를 간접 살인했지만 공개 사과를 하지 않았습니다. 예수님을 배반했던 베드로도, 예수님을 의심했던 도마도 공개 회개를 하지 않았습니다. 사사기의 이스라엘, 열왕기 시대의 남유다와 니느웨는 공개 회개를 하지만 이는 국민적인 회개요 민족적인 회개이며, 개인이 한 회개가 아닙니다.

레위기의 속건제 개념으로 사람에게 잘못했다면 직접 만나서 사과하는 것이 옳습니다. 또 돈이나 물건 같은 배상의 개념이 들어가야 합니다. 대표적인 인물이 삭개오입니다. 삭개오는 남의 것을 훔친 것이 있다면 네 곱절로 갚겠다고 했습니다(누가복음 19:8). 그런데 이렇게 상대방에게 사과나 배상은 하지 않고 공개적으로 죄를 고백한다고 해도 죄가 해결되지 않을 수 있습니다.

교회 역사에서 공개 회개를 찾아보면 고대 교회에서 공개 회개를 했다고는 하지만 하나님이 만드신 가정을 해체하고 파괴할 수 있다는 것을 뒤늦게 알고 금지했습니다. 2세기 고대 교회에 죄의 회개와 고백을 강조하는 경우가 있었는데, '몬타누스' 이단이라고 부르지만 나중에 정죄를 받아 사라졌습니다.

450년, 교황 레오 1세는 서면으로 허락을 받은 것 외에는 공개적으로 죄를 고백하지 못하게 막았습니다. 1215년에는 개인이 공중 앞에서 죄를 고백하는 것을 전면 금지했고, 개인적인 고해성사로 대치했습니다. 한국 교회사에도 하디 선교사와 평양 대부흥 때 길선주 목사가 공개 회개를 했다는 기록은 있으나 문제가 많이 발생해서 더 이상

시행하지 않았습니다.

그렇다면 왜 죄의 공개적인 자백이나 고백을 역사적으로 반대했을까요? 공개적인 고백이 교회의 덕을 세우기보다는 교회에 피해를 줄 수 있기 때문입니다. 공개한다고 무조건 좋은 것이 아니라 심각한 문제가 발생하기도 하니까요. 예를 들어봅시다.

국가 안보나 회사의 영업 비밀을 지키기 위해 거짓말을 하거나 부득이하게 거짓으로 위장하고 거짓말을 하는 경우도 있습니다. 만약 이런 사실을 공개적으로 고백할 경우 문제가 발생하면 교회가 민형사상의 책임을 질 수 있을까요?

절도나 사기를 쳤다고 공개 회개한 신자를 교회 재정부에 임명하고 헌금을 맡길 수 있을까요? 교회에서 절도 사건이 발생하면 그 사람부터 의심하지 않을까요?

사생활 문제도 마찬가지입니다. 내 남편이 예쁜 여자 집사를 짝사랑한다고 고백하면 어떡할까요? 또 배우자의 과거 부정, 불륜 행위가 드러나 가정이 무너진다면 교회가 책임을 질 수 있나요? 실제로 이런 일이 발생해서 가정이 파탄 나거나 교회를 등지는 일이 있었습니다.

이런 교회에서는 비밀 보장을 강조합니다. 서로가 서로에게 입단속을 시킵니다. 그러나 전도서 10장 20절은 "공중의 새가 그 소리를 전하고 날짐승이 그 일을 전파할 것"이라며 이 세상에 비밀은 없다고 합니다.

신자가 늘어나는 것과 하나님이 사용하시는 것은 별개의 이야기이며 관계가 없을 수도 있다는 것을 기억하십시오. 이단 신○○의 신도는 대략 20만 명입니다. 그럼 이런 단체도 하나님이 사용하시는 것일까요? 우리는 함부로 그런 생각을 해서는 안 됩니다. 성령님의 인도와 통제로 자발적으로 공개 회개하는 것이야 막을 수 없겠지만 반강제로 요구하는 것은 큰 잘못입니다. 교회는 완벽하지 않습니다. 일시적인 군중심리나 어쩔 수 없는 분위기에서 은밀한 죄를 공개 고백하면 부메랑이 되어 돌아오는 경우가 많습니다.

관계가 좋으면 그냥 덮어주고 이해하다가 막상 관계가 깨지면 상대방의 치부를 드러내고 싶은 것이 사람의 심리입니다. 사람은 여간해서 변하지 않습니다. 몇 번이나 신앙 간증을 하고 공개 고백을 해도 사람은 쉽게 변하지 않습니다. 죄의 영향력은 뿌리가 무척 깊기 때문입니다.

03

교회가 싫으면 다른 교회로 가라면서 붙잡지 않아요

Q 담임목사님이 교회를 나가거나 교회 울타리를 넘어간 신자는 붙잡지 않는다고 말씀하십니다. 목자는 양이 울타리를 넘어가면 붙잡지 않나요? 그나마 다른 교회로 수평이동을 해서 잘 정착하면 다행이지만, 만약 실족해서 교회를 영영 떠나면 어떡하나요? 우리 교회는 전도는 일절 하지 않고 교육과 구제에만 열심입니다. 전도 대상자도 없고 타교회의 교인 수평이동에만 의존합니다. 그래도 교회는 양적으로 급격하게 성장하니까요. 목사님이 처음 믿는 신자를 전도하고 싶으면 다른 교회로 옮기라고 합니다.

A 그런 말을 저도 들었습니다. 목사끼리 그런 말을 하는 것은 이해할 수도 있지만 성도들 앞에서 그런 말을 하는 것은 용납하기 어렵습니다. 예수님은 양 한 마리가 울타리를 넘어갔거나 아니면 부주의하게 혼자 놀다가 길을 잃으면 그 양을 찾으러 뒤쫓는다고 말씀하셨습니다. 산 건너 물 건너 잃어버린 양 한 마리를 기어코 목

자가 찾으면 무거운 양을 어깨에 메고 돌아와 기뻐한다고 했습니다(누가복음 15:4~6). 그런데 어떻게 그처럼 쉽게 잃어버린 양을 포기하거나 관심조차 두지 않는지 이해하기 어렵습니다. 또 우리는 잃어버린 드라크마(누가복음 15:8~9) 이야기에서도 예수님이 잃어버린 영혼에 대해 얼마나 지대한 관심과 사랑을 품었는지 알 수 있습니다.

교회를 나갔다는 의미는 좋게 생각하면 다른 교회로 갔다는 것을 의미할 수도 있지만, 자칫 실족해서 교회를 아예 떠나거나 믿음을 잃어버리는 경우도 있습니다. 만약 교회를 나가 실족해서 신앙을 잃어버리게 되면 그런 말을 한 목사는 연자 맷돌을 목에 걸고 깊은 바닷물에 빠져 죽는 것이 더 낫습니다(마태복음 18:6 / 마가복음 9:42 / 누가복음 17:2).

사람이라면 누구나 싫은 말, 언짢은 말을 듣기 싫어하는 것이 어쩌면 당연한 일입니다. 그러나 목사는 다른 신자들과는 달라야 합니다. 목사는 섬기는 사람이요 작은 사람이니까요. 목사가 대접만 받으려 하거나 높은 자리에 앉으려고만 하면 안 된다는 뜻입니다.

한자의 뜻을 보면 목사(牧師)는 '양을 치는 스승'이라는 존경의 의미를 담고 있어 그 의미가 제대로 표현되지 않습니다. 차라리 목자(牧者)가 더 좋습니다. 라틴어에서 파생된 영어를 보면 패스터(pastor)는 '양 떼나 무리를 돌보는 목자'를 뜻합니다. 이는 철저히 목동이나 양치기를 의미하는 것으로 스승이나 선생과는 거리가 멉니다. 또 다른 영어 단어 미니스터(minister)는 마이너스(minus), 마이너(minor), 레스(less), 스몰(small)과 같이 작거나 열등하거나 하위라는 뜻을 담고 있습니다. 목사는 작은 자이면서 동시에 철저히 섬기는 자입니다. 교인들에게 군림할 수는 없는 것입니다.

양이 우리를 벗어났는데 목동이나 목자가 가만있나요? 만약 그렇다면 그는 삯꾼이거나 가짜 목자가 틀림없습니다. 이 말이 어렵다면 집에서 애지중지하며 함께 지내던 개나 고양이가 집을 나가면 어떨지 생각해보십시오. 만약 전혀 신경을 쓰지 않는다면 그런 사람들은 반려동물을 키울 자격이 없습니다.

그런데 어떻게 목사가 교회를 떠나는 신자를 붙잡지 않을까요? 가정을 방문하지 못하면 최소한 전화라도 해야 하지 않나요? 또 설득할 수 없다면 떠나는 신자에게 축복기도를 해주어야 합니다. 교인이 교회를 떠난다고 하면 목사가 교인에게 욕을 하거나 저주하기도 하고 이단으로 몰아붙이는 경우도 봅니다. 그런 사람은 더 이상 목사라 부를 수 없습니다.

개척교회 목회자는 양 한 마리가 교회를 떠나면 많이 웁니다. 교회당 강단에 엎드려 하나님께 탄식 기도를 드리면서 온 세상을 다 잃어버린 것처럼 하염없이 웁니다. 그렇게 기운이 다 빠져 전도와 목회를 할 자신이나 용기도 생기지 않습니다. 그런 경험이 없는 목사는 목회할 자격이 없습니다.

분당우리교회 이찬수 목사님도 단 한 명의 성도가 교회를 떠날 때 자기 살이 떨어져나가는 것 같은 아픔을 느꼈다고 고백한 바 있습니다. 동감합니다. 저도 마찬가지입니다. 함께 신앙생활을 하던 성도님이 교회를 떠나면 며칠, 아니 최소 일주일은 가슴이 먹먹해서 평소처럼 생활하기가 쉽지 않습니다.

애지중지 키운 딸이 결혼해서 집을 떠날 때 저주하거나 욕하는 아버지는 없을 것입니다. 도둑 같은 사위가 내 딸을 빼앗아갔다고 흉보거나 욕하는 아버지가 있다면 어른이라 할 수 없습니다. 목사도 마찬가지입니다. 사랑하는 성도가 교회를 떠나려 하면 마음 아파하고 마음을 돌리려 애써야 하지 않을까요? 그렇게 했는데도 떠난다면 쿨하게 축복하며 보내주어야 합니다. 그래야 다시 돌아올 수도 있으니까요.

교회가 전도를 하지 않는 것은 잘못입니다. 교회의 내적 사명은 예배, 봉사, 교제, 전도, 교육이고 외적 사명은 구제와 봉사, 사회구조의 변혁 등에 힘을 보태는 것입니다. 교회의 내적 사명 가운데 하나인 전도를 게을리한다면 잘못된 교회입니다. 요즘은 노방전도는 효과가 없다면서 관계 전도에만 치중하는 교회가 있습니다. 그러나 우리는 때를 얻든지 못 얻든지 전도해야 합니다(디모데후서 4:2).

주일예배 후 아니면 평일에 전도팀을 꾸려 동네에서 전도해야 합니다. 추운 겨울날을 제외하고는 얼마든지 작은 파라솔을 펴고 전도할 수 있습니다. 그렇게 해서 1년에 한 명이라도 전도하면 그게 어디입니까? 하나님은 그렇게 전도하려고 노력하는 교회에 새 신자와 새

가족을 보내주십니다.

다만 교회마다 전도를 강조하고 구제를 덜 강조할 수는 있지만(반대의 경우도 마찬가지), 한쪽을 무시하는 교회는 문제가 있다고 말할 수 있습니다. 그러나 목사의 목회 철학과 방침이 확고하다면 이를 시정할 방법이 별로 없습니다. 담임목사님을 위해 기도하시길 바랍니다.

정 전도를 하고 싶으면 개인적으로 전도하십시오. 제가 아는 어느 장로님은 담임목사님이 전도를 싫어하는 까닭에 할 수 없이 스스로 전도 물품을 만들어 아이들이 많은 곳을 찾아가 나누어주면서 전도했습니다.

04

교회 생활만 강조하며 기독교 학교를 설립하려고 합니다

Q 담임목사님이 "세상은 파멸을 향해 가고 있다", "세상은 쓰레기통이고 구정물이다"라고 세상에 빠지거나 인정받으려 하지 말고 교회에서 말씀으로 성장하라며 교회 중심적 삶을 엄청나게 강조합니다. 세상 교육은 소망이 없다면서 요람에서 무덤까지 가능한 곳을 만드는 게 교회의 목표라고 합니다. 그래서 성도들이 학교를 짓는다고 주말마다 알바까지 하면서 돈을 모으고 있습니다. 어차피 망할 세상인데 왜 이렇게 열심히 돈을 모아서 교회에 바치라고 하는지 이해가 되지 않습니다.

A 크게 두 가지를 질문하셨습니다. 교회 중심 생활과 기독교 학교 설립입니다.

첫째, 교회 중심 생활입니다.

성도가 교회를 중심으로 생활하는 것은 어느 정도 이해합니다. 성도가 교회에 모여 예배하고 봉사하고 교제하러 모이는 것도 중요하기 때문입니다. 하지만 월요일부터 토요일까지 가정과 세상 속으로 흩어져 변화시키는 역할도 중요합니다. 하나님의 아들과 딸로서 영생을 소유한 사람답게 살라는 것입니다. 그러므로 성도의 역할은 하나님께 예배하고 성찬식을 하면서 서로 교제하고 봉사하며 전도하고 교육하는 것입니다. 나아가 세상의 어려운 이웃을 물심양면으로 돕는 일도 해야 합니다.

신앙은 균형을 잡아야 합니다. 균형을 잡지 못하면 잘못된 신앙으로 변질됩니다. 그렇다고 산술적으로 5:5라는 것은 아닙니다. 사견으로는 교회 안팎의 생활이 3:7, 4:6이 돼야 한다고 봅니다. 교회보다는 가정으로 저울이 좀 더 기울어야 한다는 것이지요. 그러지 않으면 가정과 일터가 파괴될 가능성이 있습니다.

조금 다른 이야기지만, 이혼율에서 불신자와 기독교인의 차이가 없다는 조사 결과를 자주 봅니다. 어찌된 일일까요? 도무지 이해할 수 없습니다. 걸핏하면 이혼을 조장하는 이단들이 많이 포함돼 그런 것일까요? 상담하는 분들에게 정통 교회라고 하는 교회에서도 이혼을 생각하는 교인이 많다는 이야기를 들었습니다. 교회에서 살다시피 하는 아내, 회사 일보다 교회 일을 더 챙기는 남편을 배우자는 어떻게 바라볼까요?

성경은 말씀합니다. 불신자를 만나지 않으려면 지구(세상) 밖으로 나가야 한다고요(고린도전서 5:10). 세상을 하나님의 나라로 만드는 것이 우리 성도들의 의무입니다. 비록 제대로 이루어지지는 않더라도 하나님 나라의 의와 평강과 희락이 이 땅에 이루어지도록 각자가 가정에서 일터에서 나라와 국민을 위해 힘을 보태야 하는 것입니다.

불신자에게 복음을 전하는 것은 옳은 일이지만 가정 일과 회사 일을 등한시하면서까지 전도하는 것은 바람직하지 않습니다. 일터에서 모범적이고 성실한 근무 태도와 타인을 배려하고 돕는 삶을 통해 전도하는 것이 더 효과적일 수 있다는 것입니다. 잘 다니던 학교, 회사를 그만두고 교회에서 기도하며 사는 신자들이 있습니다. 세상을 멀리하고 선교나 전도에 치중하는 경우도 봅니다. 이는 매우 잘못입니다. 내일 재림이 있다 해도 오늘 각자가 맡은 일에 충실한 것이 그리스도인의 본분입니다.

둘째, 기독교 학교 설립입니다.

교회에서 기독교 학교를 설립하려는 취지를 이해는 합니다. 학교 교육이 죽었다는 것은 세상 사람들도 다 아는 일입니다. 수업 시간에 20~30%만 공부하고 나머지는 잠자거나 논다고 하니까요.

그런데 공부가 인생의 전부일까요? 하나님이 공부하는 능력만 주셨나요? 아닙니다. 그리스도인을 비롯해 모든 인간이 하나님이 주신 일반 은총으로 살아갑니다. 농어업인, 기술자, 소상공인, 예능인, 체육인 등 모든 방면에서 재능과 역량을 발휘해 나 자신과 타인을 위해 정직하고 책임감 있게 열심히 일하며 살아가는 것입니다.

기독교인만 모인 기독교 학교에서 교육을 받으면 믿음을 지키기는 쉬울 겁니다. 그러면 다른 아이들에게 '목사', '전도사'라는 별명도 듣지 않고 놀림(?)도 당하지 않겠지요. 그러나 온실 속의 화초는 바깥에 나오면 성장이 매우 더디거나 심하면 얼어 죽습니다. 차라리 비바람 몰아치고 추운 환경에서 자란 잡초가 더 건강하게 자랍니다.

그리스도인은 세상 속에서 생활하면서 신앙적인 고민을 하며 자라야 합니다. 그래야 나중에 성장해 세상 속에 들어가서 빠르게 적응하니까요. 그리스도인은 세상 속으로 보내진 사람입니다. 중세처럼 수도원에 들어가서 생활하는 사람이 아닙니다.

비록 학교 교육이 죽었어도 그 속에서 자신도 변화되어갑니다. 하나님의 나라는 먼저 나 자신부터 만드는 겁니다. 나 자신에게 기쁨, 평화, 사랑, 나눔의 정신 같은 것이 있느냐는 겁니다. 내가 중요하고 그 다음은 친구입니다. 친구들의 어려움과 고민을 경청하고 동감할 역량 있는 그리스도인을 교회와 가정이 함께 만들어가는 겁니다.

자발적으로 주말에 아르바이트까지 하면서 교회에 충성하고 헌금하는 것을 비난하지는 않겠습니다. 다만 그렇게 되면 몸과 마음이 쉴 수 있는 시간이 너무 부족합니다. 목사는 월요일에 공식적으로 쉬지만 성도들은 언제 쉬나요? 결국 지쳐 쓰러지기 십상입니다.

주일은 안식일인 동시에 구원에 감사하는 날입니다. 쉼과 감사가 겹치는 날인 것이지요.

사견을 말씀드리자면, 저는 기독교 학교 건립에 반대합니다. 일반 불신자들도 입학하는 미션스쿨이라면 괜찮겠지만 기독교인에게만 입학을 허용하는 학교는 반대합니다. 본교회 교인의 자녀에게 입학 우선권을 주는 것도 피해야 한다고 봅니다.

05

교회 안에서 심리상담학을 가르쳐도 되나요?

Q 우리 교회는 심리상담학을 학기제로 가르치고 수료식도 합니다. 심리상담이라고 하는 것이 성경말씀과 성령의 역사하심을 대체하려고 하는 것 같아 개인적으로 반대합니다. 사람들의 성향이나 기질 등을 파악하고 거기에 맞게 처세하거나 전도 방법으로 이용할 수는 있지만 바람직해 보이지 않습니다. 교인의 입장에서 심리상담을 어떻게 바라보아야 할까요?

A 아주 귀한 질문입니다. 심리상담학도 하나님께서 허락하신 일반 은혜(은총)에 포함됩니다. 경제학, 체육학, 미술학, 공학, 인문학 등 많은 학문처럼 심리상담학도 하나님이 주신 학문입니다. 흥미로운 것은 성령님을 영어로 카운슬러(counselor), 어드바이저(adviser)로 부른다는 것이지요. 성령님은 우리 신자들의 상담자 역할을 하고 있고 도움도 주신다는 의미입니다.

예수님도 사마리아 여인, 니고데모 등에게서 보듯 상담을 하셨습니다. 가장 정확한 성령님의 표현은 보혜사(변호사)입니다. 성령님이 우리를 변호해주신다는 것이지요.

하나님의 주권과 은혜를 적극 주장했던 16세기 종교개혁자 장 칼뱅(Jean Calvin)은 『기독교 강요』 1장 제목을 "자신을 알지 못하고는 하나님을 알지 못한다"고 정했습니다. 그는 1장 마지막 단락에서 이렇게 결론을 내립니다.

> 그러므로 우리 자신에 대한 지식은 우리를 일깨워서 하나님을 찾게 한다. 뿐만 아니라 마치 손으로 끄는 것처럼 우리를 인도하여 하나님을 발견하게 하는 것이다.

그리고 1장을 다음 문장으로 마칩니다.

> 하나님에 대한 지식과 자신에 대한 지식이 이와 같이 밀접하게 연관되어 있으나 올바른 가르침의 순서는 전자를 먼저 논하고 다음 후자를 논하는 것이라고 하겠다.

칼뱅은 하나님과 인간을 모두 아는 것이 중요하지만 하나님을 먼저 설명하고 논하는 것이 옳다고 말합니다. 그래서 신론을 먼저 논하고 그 이후 인간론을 논합니다. 우리는 하나님을 알고 하나님의 위로와 위안을 받는 것이 필요하지만, 때로는 사람의 위로와 위안이 필요하다는 것도 잊지 말아야 합니다.

기독교에서 심리학을 싫어하는 이유는 '심리학의 아버지'라 할 수 있는 지그문트 프로이트(Sigmund Freud, 1856~1939)가 기독교를 비난했기 때문입니다. 프로이트는 기독교를 믿는 사람을 정신병자로 취급할 정도였습니다. 그렇다고 심리상담학을 지나치게 터부시할 필요는 없습니다. 물론 심리상담학은 기독교 진리와 충돌하는 부분이 있습니다. 아니, 많습니다.

그러다 보니 저는 기독교상담학을 권면합니다. 기독교를 모르는 상담자와 기독교인 내담자가 상담을 하면 대개는 실패합니다. 심지어 기독교를 올바로 알지 못하는 기독교인 상담자가 내담자와 상담하면 신앙에서 마이너스가 되는 경우가 있습니다. 기독교에서 멀어질 수 있는 것이지요.

마음의 병을 가진 한 기독교인 청년이 인지 분야에서 최고 권위의 기독교인 상담자와 상담을 하게 되었습니다. 상담자는 다섯 번의 상담 결과 치유가 불가능하다는 최종 통보를 했고, 청년은 절망했습니다. 그래서 상담자에게 "기도하면 나을 수 있느냐?"고 물었습니다. 그런데 대답이 충격적이었습니다. 그렇게 기도하는 것은 '알츠하이머'에 걸리게 해달라는 것과 같다고 했던 겁니다.

청년이 그 말을 전할 때 저는 몹시 화가 났습니다. 우리는 함께 울었습니다. 청년은 그 상담자와의 관계를 정리했을 뿐 아니라 다른 상담자와의 상담도 모두 포기했습니다. 그 대신 저와 정기적으로 상담하고 있습니다. 아니, 상담이라기보다는 용기와 소망을 불어넣는 수준입니다. 저는 평소에도 그를 위해 기도합니다.

이 예를 꺼낸 이유는 심리상담학을 기독교인에게 적용해 상담하는 것이 어렵다는 것을 말하고 싶어서입니다. 교회에서 전문가가 성도들을 대상으로 상담학을 가르치는 것은 바람직하지 않습니다. 전도에 활용하려고 그러는 것으로 보이지만 좋지 않습니다. 상담은 요즘 이단들이 많이 사용하는 수법이니까요. 그런데 그것을 따라서 한다니 참으로 한심합니다. 교회 성장을 위해 물불을 가리지 않는 태도에 화가 납니다. 그런 못된 목사들의 욕심이 언제 어디서 멈출지 걱정입니다.

불신자에게는 심리상담학이 도움이 될 수 있습니다. 그러나 저는 세상의 심리상담학은 기독교인에게 별로 효과가 없다고 주장하는 사람 중 하나입니다. 혹 심리상담을 하는 분들이 이 글을 읽고 저를 비난할지도 모릅니다. 성실히 그리고 진심으로 내담자와 상담하는 분들에게 피해가 갈까 봐 두렵기도 합니다.

결론입니다. 저는 교회에서 심리상담학을 가르치고 배우는 데 반대합니다. 그 시간에 성경과 교리를 가르치는 것이 더 중요합니다. 성경과 교리를 몰라서 수많은 신자가 이단으로 넘어가는 실정이니까요.

성경을 제대로 배우고 교리를 알면 자신이 넘칩니다. 기쁩니다. 감사가 넘쳐서 자연스레 전도합니다. 전도하지 말라고 해도 전도하고, 헌금하지 말라고 해도 자발적으로 헌금합니다. 교회와 교인의 양적 성장을 중요시해 이에 올인하는 한국교회가 언제쯤 그런 프로그램을 중지할까요? 속이 탑니다.

06

교회에서 다단계 판매와 수익사업을 합니다

Q 담임목사님이 광고 시간에 다단계 판매를 하는 집사님의 물건을 많이 팔아달라고 당부했습니다. 그 회사는 합법이기는 하지만 다단계 판매 회사인데 어떻게 평가하면 좋을지 모르겠습니다. 또 교회 안에서 커피숍 같은 수익사업을 하는 것은 어떻게 봐야 하나요?

A 다단계나 피라미드 형태의 판매 회사라고 해도 모두 불법이라고 말할 수는 없습니다. 불법 다단계 판매라고 하면 대개 "합숙 교육을 시킨다", "고가의 제품을 강매한다", "상위 단계로 올라가려고 무리하게 상품 구입을 유도한다", "거짓말로 부모를 속여 돈을 타낸다", "어떤 회사인지 실체를 잘 알려주지 않는다" 등의 특징을 보입니다. 그런 곳에서는 일을 별로 하지 않아도 돈을 벌 수 있고, 돈만 벌 수 있다면 수단과 방법을 가리지 않으며, 인간관계는 무시하거나 파괴해도 된다는 사고방식을 보여주고 있습니다.

말씀하신 기업은 다단계 판매 회사지만 불법은 아닌 것으로 보입니다. 헌법에 보장하는 합법적 기업이므로 교회가 정죄하거나 퇴사하라고 권면할 수는 없을 겁니다. 그것보다 더 중요한 문제는 상행위(商行爲)가 교회당에서 이루어진다는 것입니다. 성경을 보면 성전 안에서 상행위와 환전, 비둘기 판매가 이루어지는데 상인과 지도자들이 결탁해서 비싸게 팔고 그 차액을 챙기는 것을 보고 예수님도 격분하셨습니다. 기도하는 거룩한 장소인 성전을 강도의 소굴로 만들었다고 화내셨습니다(마태복음 21:12~13).

교회는 장사하거나 사업하는 장소가 아닙니다. 그런데도 이런 상행위나 어떤 개인적 욕심 또는 야망을 이루려고 교회에 나오는 사람들이 있습니다. 특히 선거철에 많지요. 이는 큰 잘못입니다. 담임목사님이 어떤 교인이나 특정 기업의 물건을 많이 구입하라고 공개 석상에서 홍보, 광고를 하는 것은 바람직한 행위라 볼 수 없습니다.

하지만 사석에서는 어느 정도 가능하다고 봅니다. 예를 들어 교우가 운영하는 구멍가게와 불신자가 운영하는 슈퍼마켓 중 어디에서 물건을 구매해야 할까요? 물건이 저렴하다고 슈퍼마켓을 이용해야만 할까요? 여러분의 신앙 상태와 교리에 따라 달라질 겁니다. 저라면 조금 비싸더라도 교우가 운영하는 곳에서 물건을 구입할 것입니다.

"그러므로 우리는 기회 있는 대로 모든 이에게 착한 일을 하되 더욱 믿음의 가정들에게 할지니라"(갈라디아서 6:10)

교인들이 교회당 안에서 상행위를 하거나 판매하는 행위, 더 나아가 그런 상행위를 조장하고 장려하는 목회자의 말이나 행동은 삼가야 합니다. 하지만 가난한 이웃이나 북한 동포를 돕기 위한 의류 바자회나 김, 참기름, 떡 등 소규모 물건을 일시적으로 판매하는 것은 가능합니다. 청소년들이 해외 단기선교를 가기 위해 후원금을 모으려고 일일찻집이나 물건을 판매하는 것도 가능합니다. 그러나 선교나 구제를 빌미로 목회자가 운영하는 회사에 교인들을 취업시키거나 낮은 임금으로 일을 시키는 행위는 허용할 수 없습니다.

교회에서 선한 목적으로 하는 수익사업이 문제가 될 때가 많습니다. 교회당 안에서 커피숍, 서점, 식당 등을 운영하는 경우입니다. 주로 선교나 구제용으로, 아니면 불신자 전도를 위해 음료나 물건을 저렴하게 판매합니다. 이에 대해서는 찬반이 엇갈리는데, 요즘 한국교회나 미국교회, 보수적이거나 진보적인 교회에도 이런 형태가 있는 것을 보면 수익사업을 허용하는 것이 대세로 보입니다.

하지만 저는 그런 수익사업이 바람직하지 않다는 데 동의합니다. 교회에서 사용하는 모든 돈은 헌금(또는 연보나 구제금)에서 나와야 합니다. 주정헌금, 감사헌금, 십일조헌금 등에서 나와야 한다는 것입니다. 성경에도 헌금이나 구제금으로 연보하는 것 외에 따로 교회가 수익사업을 벌였다는 기록은 없습니다.

그럼에도 불구하고 현대 교회는 정부에 세금을 납부하면 합법적이라고 주장하지만 심사숙고해야 합니다. 세금을 납부하지 않아 망신당하는 경우가 더 많으니까요. 잘못하다가는 거룩한 교회당이 시장터가 될 수도 있습니다.

이런 문제를 피하려고 타인에게 임대를 주는 경우도 있는데, 굳이 주일에도 교회당에서 상행위를 허락하는 게 옳은지도 의문입니다. 사견으로는 이런 상행위를 하지 않는 것이 더 좋다고 봅니다. 솔직히 말해 그 자리에 앉아서 신앙적인 대화를 하는 교인들은 별로 없습니다. 먹고 마시면서 신앙과 관계없는 일상적 이야기만 주로 하지 않나요? 그렇게 하면 교회와 세상이 다를 게 별로 없습니다. 혹시 그런 장소에서 무임금으로 봉사하는데 어쩔 수 없이 억지로 한다면 하지 마십시오. 교회 안에서의 모든 봉사의 원칙은 기쁨과 감사니까요.

또 다른 예는 교회가 교육기관이나 기업을 운영하는 것입니다. 이런 기관을 운영하는 목표와 이유가 중요합니다. 만약 이윤을 창출하거나 개인의 사리사욕을 채우는 것이 목표라면 허용할 수 없습니다. 실제로 이런 일들이 우리 주변에서 자주 목격돼 하나님의 영광을 가리고 눈살을 찌푸리게 합니다.

교회에서 아프면 병원에 가지 말고 기도를 받으라고 합니다

Q 목사님 안녕하세요. 교회에서 집안 식구 중 누가 아프면 예수 이름으로 물리치라고 하거나 목사님께 기도를 받으라고 말합니다. 저는 아이들도 잔병치레가 끊이지 않고 병원에 매일 가다시피 합니다. 제가 뭔가 잘못된 길을 가고 있거나 죄를 많이 지어서 아이들이 아픈가요? 질병은 작은 것이라도 무조건 하나님이 주신 건가요? 마음이 많이 힘들고 지칩니다.

A 얼마나 힘들고 어려울지 짐작이 갑니다. 이런 질병과 죄의 관계에 대해 많은 글을 썼지만 아직도 굴레에서 벗어나지 못한 성도님이 있어 할 수 없이 또 말씀드립니다. 은사주의 교회나 기도를 중요시하는 교회에서는 모든 질병과 사고의 원인을 죄나 귀신 탓으로 돌리는 경향이 있습니다. 그래서 과거에 지었던 죄를 회개하라 하고, 예수의 이름으로 귀신을 물리치라고 합니다(축귀나 축사).

귀신이 나가라고 '목 안수(목을 90도로 젖혀 누르거나 조르는 안수)'를 하는 교회도 있습니다. 목을 눌러 기침이 나오고 가래가 나오면 이를 귀신이 나가는 증거라고 말합니다만, 이는 비성경적이며 비의학적입니다. 목을 누르거나 조르면 누구나 기침이 나올 수밖에 없습니다. 그런데 모든 병의 원인을 귀신으로 몰아가는 것입니다.

신령한(?) 목사가 기도한다고 해도 귀신이 도망가지 않을 수 있습니다. 게다가 거듭난 신자의 마음속에 귀신이 있을 리도 만무합니다. 대적기도라고 해서 마귀나 귀신과 직접 싸우는 사람도 있는데, 우리가 마귀와 싸우면 이길 수 없습니다. 대적기도라는 말을 들으면 저는 그냥 웃습니다. 그리고 예수님께 마귀를 이길 힘을 달라고, 혹시 마귀가 공격하면 예수님이 공격을 물리쳐달라고 기도할 뿐입니다.

가벼운 감기나 몸살에도 목사에게 기도를 받으라고 하는 경우가 있습니다. 심각한 문제는 병원에 가지 않고 제때에 치료를 받지 않아 병을 키우거나 확대시킬 수 있다는 것입니다. 한마디로 호미로 막아도 되는 것을 가래로 막는 사태가 벌어집니다.

코로나19 바이러스로 인해 신자들 없이 예배를 드리는 교회도 생겼습니다. 마스크를 쓰는 교인들을 보고는 "하나님께 기도만 하면 되는데 왜 마스크를 쓰느냐?"고 비아냥거리는 댓글을 보았습니다. 코로나에 걸리면 기도하면 되지 왜 마스크를 쓰고 병원에 가느냐고 비웃는 것입니다. 그 비아냥거림이 제 마음을 얼마나 아프게 했는지 모릅니다. 기도를 만병통치약, 알라딘의 램프로 아는 무지한 한국 교인들을 비웃는 댓글이니까요.

질병의 원인은 매우 다양합니다. 전염, 본인의 죄, 나쁜 환경, 편식, 운동 부족, 하나님의 영광, 마귀의 역사 등 아주 많지요. 질병을 하나님이 주신 것이라거나 죄의 결과라고 단정 짓는 것은 매우 위험합니다. 성경을 보면 유대인들은 질병을 본인이나 부모의 죄 때문이라고 했으나 예수님은 거절하시면서 하나님의 영광과 자신의 영광을 위한 것이라고 말씀하셨습니다(요한복음 11:4).

저 같은 목사도 고치기 힘든 병으로 인해 많은 고통과 고난을 당하고 있습니다. 이게 다 제가 지은 죄 때문입니까? 아니면 돌아가신 부모님이나 조상의 죄 때문입니까? 분명한 것은 부모나 조상의 죄는 아니라는 것입니다. 이른바 '가계 저주론', 즉 조상의 죄가 후대에 내려온다는 것은 성경적으로 수용할 수 없습니다. 가계 저주론을 주장할 경우 이단성이 있다고 봅니다.

제 질병의 경우 부모에게서 유전된 고혈압이 주원인이었고 운동 부족, 과식, 육식 위주의 식단과 스트레스, 나쁜 환경이 원인이라고 봅니다. 만약 제가 이런 질병의 원인을 죄나 귀신으로 돌린다면 죄책감이나 공포 때문에 살기 어려울 것입니다.

질병이나 사고의 원인을 조상 탓으로 돌리는 것은 무속신앙이나 불교의 업(業)에서 나온 것입니다. 그러다 보니 무속인들이 조상을 달래는 굿을 권하거나 스님들이 천도재(죽은 사람의 영혼을 천당으로 보내는 의식)를 하라고 권유하는 일이 있습니다. 물론 공짜는 아니고 수십만 원에서 수백만 원을 요구하기도 합니다.

아이들은 대개 각종 질병에 취약하며 잔병치레를 합니다. 이제는 중년이 된 제 자식들도 어렸을 때는 병원에 가지 않는 날이 거의 없을 정도였습니다. 아이들도 유전이나 약한 체질, 오염된 환경, 잘못된 식습관, 운동 부족으로 인해 병이 발생하기 쉽습니다. 큰 병이든 작은 병이든 병원에 가는 것이 성경적입니다(마태복음 9:12 / 마가복음 2:17 / 누가복음 5:31 / 골로새서 4:14 / 야고보서 5:15 등).

부모님이 자녀들에게 자주 축복기도를 해주십시오. 영적인 목사에게 기도를 받는다고 기도발이나 영발이 더 센 것은 아닙니다. 아이들이 싫어하면 자고 있을 때 머리에 손을 얹거나 손을 잡고 축복기도를 해도 좋습니다.

결론적으로 우리가 지은 죄는 회개함으로써 용서되므로 자유로워집니다. 혹시 내가 지은 죄가 질병과 사고의 원인이 될 수 있으니 회개하십시오. 그러면 하나님이 용서해주십니다. 죄를 지었으면 즉시 회개하거나 잠자리에 들기 전 회개 기도를 하고 주무시면 됩니다. 지금부터는 자유롭게 마음 편히 사십시오.

"진리를 알지니 진리가 너희를 자유롭게 하리라"(요한복음 8:32)

교회의 정체성과 역할은 무엇인가요?

Q 저는 모태 신앙인입니다. 교회의 역할이 예배인 것은 당연하지만, 제가 섬기는 교회는 교육은 별로 시키지 않고 전도와 선교만 주로 강조합니다. 그렇다고 해서 불신자를 구제하는 작업을 많이 하는 것도 아닙니다. 요즘 코로나19로 예배의 정의도 혼란스러운데 교회의 정체성과 역할에 대해 알고 싶습니다.

A 지금부터 말하는 교회란 유형 교회를 말합니다. 우리 눈에 보이는 건물, 교회당에서 모이는 그리스도인 무리를 가리킵니다. 하나님만이 아는 무형 교회(일종의 가나안 성도)는 주일에 예배할 수 없는 직업 또는 직종이거나 사고, 질병 등으로 교회당에서 예배하지 못하는 경우도 하나님의 백성이요 자녀로 인정합니다.

교회의 역할은 크게 몇 가지로 나누어집니다. 영혼 구원이냐 사회 구원(구제)이냐는 측면에서 보수적인 교회와 진보적인 교회로 나눌 수 있습니다. 신자들의 질적인 향상을 위해 교육 위주로 할 것이냐 선교

(전도) 위주로 할 것이냐로 구분되기도 합니다. 흥미로운 것은 개신교는 개교회 제도를 따르므로 교회마다 일이나 역할이 모두 다릅니다. 주로 자기 교회에만 관심이 있고 다른 교회나 교단에는 별로 관심이 없지요. 쉽게 말해 내 교회만 잘되고 부흥하면 된다고 믿는 교회가 많습니다.

그러다 보니 영혼 구원을 목표로 하여 인건비와 교회 유지 및 관리 비용을 제외하고는 교회 재정을 영혼 구원과 선교 위주로 구성하기도 합니다. 또는 교회당 건물에만 관심을 기울이고 나머지는 거의 등한시합니다. 이른바 교회 성장에만 올인하는 것이지요. 따라서 교회 안의 가난한 신자들과 교회 밖의 가난하고 불우한 불신자들에게는 별 관심이 없습니다. 그래서 교회 건물만 커지고 교인 숫자만 더 늘어나는 경향이 있습니다.

한편, 교회당 건물 없이 사회 구제에 신경을 쓰고 신자들을 교육하는 데 재정을 투자하는 교회도 있습니다. 한국교회는 보수적인 성향이 강해서 아무래도 영혼 구원과 선교에 집중해온 것이 사실입니다. 극히 일부분의 진보적 교회를 제외하고는 사회개혁이나 사회 구조악을 치유하고 회복하는 데는 무관심하거나 이를 외면해왔습니다. 정치적으로도 주로 친정부적 입장과 반공 위주의 정책, 반동성애로 일관해온 것입니다.

하지만 조선시대에 우리나라에 온 선교사들은 첫째, 복음을 가르쳐 영혼을 구원하고, 둘째, 학교를 세워 학문의 기회를 제공했으며, 셋째,

병원을 세워 병자를 치료했습니다. 사회개혁을 실시하고 남녀차별 금지, 양반과 상놈 차별금지, 외채 갚기 운동 등 사회 구조악을 고치는 데 노력했습니다. 이러한 활동의 근거가 된 성경은 무엇일까요? 마태복음 4장 23절입니다.

> "예수께서 온 갈릴리에 두루 다니사 그들의 회당에서 가르치시며 천국 복음을 전파하시며 백성 중의 모든 병과 모든 약한 것을 고치시니"

선교사님들에게 참 잘했다고 박수를 보내드리고 싶습니다. 그런데 요즘 교회는 어떤가요? 예전처럼 학교와 병원을 세우고 사회 구조악을 고치는 교회는 별로 없습니다. 특히 학교와 병원을 세우는 일은 초대형 교회만 할 수 있다고 보아도 과언이 아닙니다. 학교의 경우 주로 본교회 교인 위주로 혜택을 부여하고 입학금과 등록금도 만만치 않습니다. 하위 계층은 엄두도 못 내지요.
다음에서 교회의 정체성과 역할을 생각해봅시다. 교회가 해야 할 일은 크게 네 가지입니다.

첫째, 교회는 하나님께 예배해야 합니다.
하나님께 경배하고 하나님을 높이려면 예배해야 합니다. 예배하지 않으면 교회는 별 가치가 없습니다. 그리스도인은 하나님께 영광의 찬송이 되려고 창조되었습니다(에베소서 1:12). 교회는 예배함으로써 교회의 중요한 목적을 달성합니다. 예배가 없다면 팥 없는 단팥빵과 다름없습니다. 하나님은 예배하는 자를 찾으십니다(요한복음 4:23). 하나님은 우리의 몸을 산제사로 드리라고 하시며 영적 예배라고 하십니다(로마서 12:1). 모든 지혜로 서로 가르치고 권면하며 시와 찬미와 신령한 노래를 부르며 하나님께 감사하는 마음으로 찬양하라고 하십니다(골로새서 3:6). 하나님은 특별한 경우에는 온라인 비대면 예배도 받으십니다. 상황이 호전되면 다시 현장 대면 예배로 되돌아가는 것이 바람직합니다.

둘째, 교회는 복음을 전파해야 합니다.

교회가 세상을 섬기는 방법은 말과 행실로 불신자들에게 복음을 전하는 것입니다. 복음은 기쁜 소식입니다. 예수님이 우리 죄를 대신해서 십자가에 달려 죽으시고 부활하셨으며, 이를 믿으면 영생을 얻는다는 진리를 전파해야 합니다(로마서 10:9). 내 가족과 일터 그리고 땅끝까지 전도와 선교의 사명을 감당해야 합니다(마태복음 28:19~20 / 사도행전 1:8). 복음은 언어라는 매개체를 통해 전파되고 우리의 행실인 자비와 섬김을 통해 이루어집니다. 교회는 때를 얻든지 못 얻든지 꾸준히 전도해야 합니다(디모데후서 4:2).

셋째, 교회는 성도를 양육하고 교육해야 합니다.

교회는 각 사람을 그리스도 안에서 완전한 사람으로 세우기 위하여 가르쳐야 합니다(골로새서 1:28). 예수님도 3년 동안 제자들과 함께 동고동락하면서 교육을 시켰습니다(마태복음 11:1, 22:16 / 마가복음 6:7, 9:31 등). 사도 바울도 디모데와 디도를 가르쳤습니다. 교육을 등한시하고 무조건 봉사를 강조하거나 전도하라고 한다면 옳지 않은 경우가 많습니다. 왜 봉사하는지, 왜 전도해야 하는지, 전도는 어떻게 하는 것이 옳은지 가르쳐야 합니다.

예를 듭니다. 얼마 전 어느 신자는 자기가 사랑하는 친구에게 교회에 나가서 예수님 믿고 구원을 얻어야 한다고 한 번만 얘기했다고 했습니다. 그런데 그 친구는 서너 번 함께 교회에 다니다가 예전이 복잡하고 설교가 어렵다는 이유로 더 이상 나가지 않았습니다. 그러다가 갑자기 친구가 죽었다는 연락을 받고 그 신자는 죄책감에 빠졌습니다. '내가 전도할 수 있었는데 못했다'면서 우울증에 걸렸습니다. 왜 이런 죄책감에 빠졌을까요? 전도가 무엇인지를 몰랐기 때문입니다.

전도란 우리의 말과 행실로 복음을 전하는 것입니다. 상대방이 복음을 받아들이느냐 여부는 하나님의 주권입니다(칼뱅주의). 아니면 본인이 복음을 선행 은총으로 받아들일 수 있습니다(웨슬리주의). 어떤 경우든 복음을 전하는 사람은 책임이 없습니다. 그래야 전도를 하지 못해도 실망하거나 좌절하지 않습니다. 단지 우리는 복음을 전할 뿐입니다.

넷째, 교회는 구제해야 합니다.

교회는 가난하고 고난에 빠진 사람들을 섬겨야 합니다(로마서 15:26 / 고린도후서 8:2 / 갈라디아서 2:10 / 야고보서 1:27). 마케도니아와 아가야 교회는 가난한 예루살렘 교회 성도들을 돕고 섬기려고 물질을 모아서 보냈습니다. 교회는 교회 안에서 물질적으로 어려움을 당하는 지체들을 보살펴야 합니다(사도행전 11:29 / 고린도후서 8:4 / 요한일서 3:17). 믿음의 가족들을 먼저 돕되 기회가 있는 동안 모든 사람(불신자 포함)을 물심양면으로 돕는 선한 일을 해야 합니다(갈라디아서 6:10). 그런데 한국교회는 구제 측면에서 매우 취약합니다.

교회의 역할은 크게 네 가지, 예배와 전도(선교), 교육(양육), 구제입니다. 이 네 가지 가운데 어느 것 하나 소홀히 해서는 안 됩니다. 가장 중요한 것은 예배지만, 나머지도 반드시 실천해야 할 것들입니다. 교회가 본교회의 성장과 발전만을 추구하는 이기적 집단으로 세상에 알려지는 것을 자주 봅니다. 교회 재정이 균형 있게 사용되고 분배되어야 합니다. 교회는 하나님을 진심으로 예배하고, 신자들이 그리스도의 장성한 분량까지 자랄 수 있게 교육하면서 선한 말과 행위로 복음을 전파해야 하며, 고단한 삶을 살아가는 가난한 이웃을 구제하는 데 최선을 다해야 합니다.

대형 교회가 크고 좋은 사역을 많이 하는데 어떤 문제가 있나요?

Q 대형 교회들이 너무 세속적인 성공을 바라고 물욕에 빠져 있다고 비판하는 신자들이 있습니다. 교회가 대형화해 세습까지 이르게 되는 것은 문제가 있다고 생각합니다. 한편 대형 교회의 순기능을 보면 지역 커뮤니티에서 교육 및 구제 활동을 많이 하고 있습니다. 특히 해외 선교지에 많은 선교사를 파송해 주님의 지상명령을 수행하는 데 그 나름의 역할을 하고 있지요. 그런데 왜 대형 교회가 문제가 있다고 하나요?

A 대형 교회에 문제가 있다는 것을 어느 정도는 인정하시니 감사합니다. 대형 교회가 무조건 옳다고 주장하는 분들도 있으니까요. 말씀하신 대형 교회의 기능은 대형 교회 목회자들이 정당성을 주장할 때 많이 하는 말입니다. "큰일은 큰 교회가 할 수 있다"는 말을 주로 하지요. 모든 대형 교회가 다 잘못하는 것은 아닙니다만, 교계와 사회에 모범이 되는 교회는 그리 많지 않다고 봅니다.

일반적으로 대형 교회는 사회와 교계에 선하고 좋은 일을 많이 했지만 해악도 끼친 것이 사실입니다. 목사의 교황화나 신성화, 작은 교회 죽이기, 다른 교회 교인 빼오기, 대형버스 운행, 교회 세습, 납세 반대, 정치계에 대한 아부, 헌금에 비해 인색한 구제금, 목회자의 타락, 과도한 사례비, 화려한 목사 주택 등 여러 가지가 있습니다. 이 가운데 대형 교회와 관계없는 것이 과연 얼마나 될지 솔직히 평가해보시길 바랍니다.

저는 대형 교회를 반대하는 목사 중 한 사람입니다. 대형 교회가 성경적이지 못하다고 생각하고 있습니다. 성경을 보면 초대교회는 아무리 커도 120명을 넘지 않았습니다. 그러므로 교회는 300명을 넘지 않아야 하고, 그 이상이 되면 분립하는 것이 바람직하다고 봅니다. 한국 교회는 성경적인 삶을 살라고 하면서도 막상 교회당의 크기나 적정한 교인 숫자를 성경적으로 교회사적으로 알려주면 대개 입을 다뭅니다. 성장주의에 몰두하고 있다는 증거입니다.

사실 돈이 없으면 대형 교회에 다니기 쉽지 않습니다. 사회적으로 출세하고 성공한 사람들이 많아서 빈곤하고 하류층에 속하는 신자들은 대형 교회에 가면 위축돼 신앙생활을 하기 어렵습니다. 돈이 많고 출세하고 유명한 사람들이 중직을 다 차지하고 있는 것도 현실입니다. 가난하지만 신행의 일치를 보여주는 신자들이 대형 교회에서 장로 직분을 맡는 것을 본 기억이 별로 없습니다.

돈을 선하게 사용하자고 말하지만 얼마나 깨끗이 벌어서 바치느냐는 관심을 두지 않습니다. 더럽게 벌어서 하나님께 바치면 더러운 예물이 된다고 가르치는 대형 교회는 많지 않습니다. 헌금의 종류, 액수, 횟수에 관심이 있을 뿐 그 헌금이 나오게 된 배경과 동기를 따지는 교회는 별로 없습니다. 정직하게 돈을 벌어서 헌금하고 더럽게 번 돈은 바치지 말라는 설교를 들은 기억이 있느냐고 묻는 겁니다.

제가 너무 과장을 하거나 지나치다고 말할 수도 있지만, 그만큼 한국교회의 대형화는 심각한 상황입니다. 그럼에도 교회의 분립은 생각조차 하지 않는 곳이 많습니다. 오히려 더 커지기 위해 노력하는 것 같습니다.

"거머리에게는 두 딸이 있어 다오 다오 하느니라"(잠언 30:15)

마치 오늘날의 대형 교회를 두고 하는 말씀으로 여겨져 안타깝습니다.

10

대형 교회당 신축 때문에 고민입니다

Q 우리 교회의 출석 교인은 1,200명 정도인데, 담임목사님이 지금의 성전이 좁다고 신축을 계획하고 있습니다. 그런데 기존 건물보다 건축 규모가 매우 큰 데다 외향도 화려하고 찬란한 모습의 성전을 담임목사님은 생각하고 있습니다. 목사님도 전 재산을 헌금하겠다고 하면서 건축헌금 작정도 두 번이나 변경되는 바람에 성도님들이 불평하거나 교회를 떠나기도 하는 상황입니다.

A 먼저 기억해야 할 것은 교회와 교회당을 구별할 줄 알아야 한다는 겁니다. 혹시 처음 들어보았을지 모르지만 교회는 건물이 아니라는 겁니다. 교회는 예수 그리스도를 구세주로 고백하는 사람들의 모임이며, 그런 신자들이 모인 곳이 교회당(예배당)입니다. 그러므로 지금 건축하려고 하는 것은 교회가 아니라 교회당입니다. 이해가 될지 모르지만 이것이 성경이 말씀하는 올바른 교회의 정의입니다. 교회는 예수 그리스도의 머리이고 몸이고 지체입니다(에베소서

1:22~23, 4:15~16). 교회는 절대로 무너지지 않습니다. 그러나 교회당은 무너집니다. 아니, 성전도 무너집니다.

솔로몬이 지은 화려한 성전도, 헤롯이 지은 웅장한 성전도 허물어진 지 2천 년이 지났습니다. 그럼에도 아직도 성전을 건축한다는 이상한 논리에 빠져 있는 사람들이 있습니다. 이 세상에 물리적인 성전은 없습니다. 예수님이 성전이고(요한복음 2:21), 우리 성도의 몸이 성전입니다(고린도전서 3:16).

교회 건물인 교회당의 가장 중요한 본질은 하나님을 예배하는 것입니다. 그 밖에 구제, 봉사, 교육, 교제, 전도 같은 것도 있지만 이는 어떤 면에서 보면 비본질입니다. 제가 보건대 아마 예배할 수 있는 공간이 부족해서 교회당을 신축하려는 것은 아닌 듯합니다. 목사님께 이렇게 건의해보시길 바랍니다.

첫째, 예배 횟수를 늘릴 것을 건의하십시오.

3부로 나누고 그것으로도 안 된다면 5부로 하면 될 것입니다. 그것으로도 힘들다면 토요일 예배도 고려할 수 있습니다. 신학적으로 곤란하다고 볼 수 있지만 안 된다고 할 수도 없으니까요. 천주교는 토요일에도 미사를 드리니 신학적으로 큰 문제가 없다고 봅니다. 도리어 주일인 일요일에 참석하기 어려운 신자들도 교회에 나오게 할 수 있습니다.

둘째, 실제 예배에 필요한 공간인지 검토하십시오.

예배가 가장 중요합니다. 혹시 교육, 교제, 카페, 주차장 등 다른 공간이 부족해 교회당을 신축하려고 하는 것은 아닌지 검토해야 합니다. 사실 그런 공간은 그리 중요하지 않습니다. 다른 교회에 카페가 있다고 부러워하는 목사나 신자가 있는데, 이는 바람직하지 않습니다. 예배에 필요한 공간 외에 기타 부대시설은 최소화하십시오.

셋째, 교회의 분립을 건의하십시오.

이것도 저것도 안 되면 교회를 분립하면 해결될 겁니다. 부목사님이 어느 정도의 신자들과 함께 새로운 교회를 개척하도록 물심양면으로 도와주면 됩니다. 개인적으로 교회 분립이 가장 바람직한 방법이라고 생각합니다. 하지만 어쩐 일인지 한국교회는 분립에 매우 야박하고 인색합니다. 분립 이야기만 나오면 안색을 바꾸는 목사들이 대부분이니까요.

그럼에도 불구하고 반드시 새 건물을 건축하겠다고 하면 이렇게 하면 어떨까요? 고집을 피우고 욕심을 부린다면 무슨 대책이 있겠습니까? 단지 몇 가지 당부를 드리고 싶습니다.

첫째, 교회의 양적 성장과 부흥을 위한 건축은 피해야 합니다.

대부분의 교회가 담임목사의 욕심으로 교회당 건축을 시작합니다.

더 많은 성도, 더 많은 헌금, 더 많은 구제와 봉사를 빌미로 대형 건물을 신축하려는 목표와 의도는 버려야 합니다. 담임목사가 전 재산을 바치겠다는 발상은 어쩌면 당연하기도 하고 바람직합니다. 솔로몬의 성전도 대부분 다윗 왕이 예물로 드린 많은 금과 보석으로 지어졌습니다. 지도자들이 자원해서 많은 것을 바치는 것을 보고 백성들도 기꺼이 바쳤습니다. 그러니 목사가 전 재산을 바쳤다고 자랑할 일은 아니라는 것입니다.

둘째, 하나님이 화려하고 거대한 교회당에만 계신다는 생각을 버려야 합니다.

하나님은 초막집이나 광야에도 계십니다. 하나님이 화려한 곳에 계신다는 생각을 버려야 합니다. 하나님은 어디에나 계십니다. 심지어 신약시대에는 가정집인 교회, 이를테면 예루살렘교회, 고린도교회, 에베소교회 등에도 계셨습니다. 비나 눈이 새지 않고, 거친 바람을 피할 수 있으며, 여름에는 시원하고 겨울에는 따뜻한 곳이면 충분합니다.

셋째, 성도들의 불평불만이 없어야 합니다.

헤롯 왕이 세운 거대한 성전은 백성들에게 과도한 세금을 거두어 지었습니다. 그래서 백성들은 그 성전을 곱고 예쁜 눈으로 바라보지 않았습니다. 결국 주후 70년 서쪽 성벽 일부를 제외하고 로마군에게 모두 파괴되었습니다.

교회당 건축도 마찬가지입니다. 건축을 빌미로 성도들을 빚더미에 앉게 하거나 무리수를 두어 고난과 시험에 빠지게 해서는 안 됩니다. 각자의 형편에 맞게 시험에 들지 않을 정도를 감사와 기쁨으로 드리면 그만입니다. 정 어려운 사람은 건축헌금을 하지 않아도 무방하다는 뜻입니다. 건물로 인해 성도 간에 잡음이 생기고 균열이 간다면 교회당을 건축하지 않는 것이 더 낫습니다.

11

시아버님이 목회하는 교회와 갈등이 있어요

Q 결혼과 동시에 시아버님이 40년간 목회해온 작은 교회로 출석하게 되었습니다. 성도님들은 목사 며느리인 제가 모든 행사에 참여하길 원하는데 그럴 수 없는 경우가 있어서 불화가 생기곤 합니다. 시부모님께 마음과 영혼이 너무 힘들어서 친정 쪽 교회에서 예배를 한 번만 드리겠다고 말씀드렸지만 반대합니다. 너무 힘들 때는 주일에 회사 간다고 하고 몰래 친정 쪽 교회에 가서 예배드리고 오기도 합니다. 이제 이 교회를 다닐 자신도 없고 벗어나고 싶습니다. 그런데 이 교회를 안 나가면 남편과의 불화가 깊어지고 시부모님과 멀어질 것 같아 걱정이 됩니다.

A 남의 이야기 같지 않군요. 먼저 제 이야기를 해야 할 것 같습니다. 제 큰며느리도 제가 목회할 때 기쁘게 예배하는 것을 본 기억이 별로 없습니다. 그럼에도 내색하지 않고 꾸준히 변화되길 기다렸습니다. 함께 예배한 지 1년이 지난 어느 날 큰아들이 동네

교회에 다니겠다고 폭탄선언을 했습니다. 가슴이 덜컥 내려앉더군요. 하지만 내색하지 않고 이단 교회만 가지 말라고, 이전할 교회명과 교단만 알려달라고 말하며 쾌히 승낙을 했습니다.

그 후 어떻게 되었을까요? 아들 내외와 손주는 교회에 다니지 않고 있습니다. 왜 교회에 나가지 않는지 그 이유는 모릅니다. 답답하고 속이 터질 것 같지만 기도하면서 기다리고 있습니다. 하루에도 몇 번씩 자식들과 손주를 생각하면 마음이 무너져 내립니다.

이런 말씀을 드리는 이유는 시부모님의 마음을 조금이라도 이해할 수 있다고 생각하기 때문입니다. 자매님이 현 교회에 나가지 않으면 시부모님의 입장이 말이 아닐 것입니다. 대부분의 한국교회는 목사의 자녀가 본교회에 출석하지 않으면 이상하게 생각합니다. 하지만 한 가지 길이 보입니다. 시아버님이 목회를 40년간 하셨다니 곧 은퇴할 때가 올 것입니다. 70세가 기준이니 아마도 몇 년 남지 않았겠지요.

자매님의 가정이 깨지는 것보다는 교회를 떠나는 것이 바람직합니다. 시아버님이 교회를 떠나는 문제에 대해 자매님에게 양보해야 한다고 보지만, 쉽게 허락하지는 않을 것입니다. 저는 교회가 가정보다 덜 중요하다고 믿는 목사입니다. 예수를 믿지 말라고 하는 것은 기독교의 본질로서 양보할 수 없지만, 교회를 옮기는 문제는 비본질로서 때에 따라 양보할 수 있으니까요. 하나님도 가정을 만들고 나서 교회를 만들었습니다. 결단코 교회를 만든 뒤 가정을 만들지 않았습니다. 질서적으로 가정이 먼저입니다.

자매님이 살아야 다른 존재도 가치가 있습니다. 내가 죽으면 아무 것도 소용이 없습니다. 게다가 가정이 깨지면 다른 것도 깨집니다. 시부모님께 1년만 다른 교회에 다니고 싶다고 제안하고 타협하십시오. 아마 중요한 것은 십일조일 텐데, 자매님의 십일조는 본교회에 내는 것으로 하길 바랍니다. 친정 쪽 교회의 목사님께 사정을 잘 말씀드리면 이해하리라 믿습니다. 아울러 쉽지는 않지만 교회는 개교회에서 공교회로 의미를 넓혀야 합니다. 한국교회에는 내 교회만 교회이고 다른 교회는 교회가 아니라는 편협하고 폐쇄적인 사고가 주를 이루는데, 이는 바람직하지 않습니다.

제 마음이 많이 아픕니다. 남편과 시부모님과 성도님들을 미워하지 마십시오. 미워하면 자매님의 마음도 병듭니다. 하나님께 사랑할 마음을 달라고 기도하길 바랍니다. 기도하지 않으므로 염려하는 것이니까요. 기도와 염려는 항상 붙어 다닌다고 보면 거의 정확합니다. 성도님들을 용서하십시오. 용서가 쉽지는 않겠지만 불가능하지도 않습니다. 용서는 결국 나를 위한 것이지 다른 사람을 위한 것이 아님을 이해하십시오.

이 세상에 자식을 이기는 부모는 없습니다. 시부모님도 처음에는 싫어하고 반발할 겁니다. 어쩌면 부모자식 간의 인연(?)을 끊자고 할지 모르지만 나중에는 용서할 것입니다. 자식을 미워하는 사람은 아직 하나님의 마음을 모르는 사람입니다. 하나님이 이 세상에 외아들 예수님을 보내신 심정을 말이지요.

　남편이 중요합니다. 교회를 옮기기로 한 자매님의 결정에 동의해 달라고 하십시오. 그리고 남편을 왕처럼 존경하고 대접하고 아들처럼 귀히 여기며 살기를 바랍니다. 이것은 동서고금을 막론하고 여자가 남자에게 할 원칙입니다. 자매님은 남편이 아니라 큰아들을 키운다고 믿으며 평생 살아가는 것이 지혜로운 행동입니다. 어르고 달래십시오. 언제까지일까요? 철들 때까지요. 그 남편이 철들면 자매님을 사랑하고 아껴줄 것입니다. 그런 면에서 한국 여성은 누구나 십자가를 지고 있는 격입니다.

　마지막으로, 교회는 매우 보수적인 집단입니다. 남자들의 지위는 인정해도 여자는 무시하는 경향이 아직도 존재합니다. 이것을 이해하지 못하면 한국교회에서 적응하기 어렵습니다. 앞으로 많이 개선되겠지만 그리 쉽지는 않아 보입니다. 목사의 자녀와 며느리는 교회에서 죽어지내야 합니다. 교회 일을 해도 당연한 것으로 여겨 칭찬을 받기도 어렵지요. 하지만 조금만 잘못하면 믿음이 없다고 비난하고 소문을 냅니다. 작은 교회는 정도가 더 심하지요.

　친정 쪽 교회로 간 지 1년이 지나면 기도하면서 본교회로 돌아갈지 여부를 다시 결정하십시오. 예수를 믿지 않는 것도 아니고 더 열심히 잘 믿으려면 현재 교회를 떠나는 것이 옳습니다. 하나님이 함께하시니 힘을 내십시오.

12
우리 교회에만 구원이 있고 다른 교회에는 구원이 없다고 합니다

Q 교회에 다니면서 세상적인 것을 중요시하던 제 삶은 거룩한 삶을 추구하는 방향으로 변화되었습니다. 텔레비전 시청, 영화 관람, 불신자 친구와의 교제도 하지 않습니다. 교회에서는 음란, 혈기, 분노 등 악한 마음은 마귀나 귀신이 우리 몸 안에서 일으키므로 회개와 대적기도를 통해 이겨내야 한다고 합니다. 예수님이 마귀를 멸하려 세상에 오셨다고 합니다.

목사님은 "죄가 하나라도 있으면 천국에 들어갈 수 없다"는 말씀을 자주 하십니다. 게다가 목사에게 불순종한 부분이 있으면 철저히 회개하라고 합니다. 우리 교회에만 구원이 있고 다른 교회에는 구원이 없다는 투의 말도 자주 합니다. 우리 교회를 어떻게 보아야 할까요?

A 형제님이 이렇게 세상 사람처럼 말하고 행동하던 데서 거룩한 삶을 추구하는 방향으로 변화되었다는 것에 저도 매우

기쁩니다. 거듭난 삶을 살고 있다는 의미니까요. 그러나 좀 더 깊고 넓게 생각해봐야 할 것이 있습니다. 오해하지 말고 들어보십시오.

'쇼핑'이라고 해서 다 나쁜 것은 아닙니다. 사치하고 무가치한 것을 구입하는 것은 피해야 하지만 정상적이고 일반적인 쇼핑은 할 수 있습니다. 그것도 할 수 없다면 그리스도인은 지구를 떠나거나 혼자 산속이나 무인도에서 살아야 합니다.

"나는 내 편지에 여러분에게 음행하는 사람들과 어울리지 말라고 썼습니다. 이 말은 이 세상의 음행하는 사람들이나 탐욕하는 사람들, 약탈하는 사람들이나 우상숭배하는 사람들과 전혀 어울리지 말라는 뜻이 아닙니다. 만일 그렇게 하려면 여러분은 이 세상 밖으로 나가야 할 것입니다."(고린도전서 5:9~10)

우리 그리스도인이 보고 배울 수 있는 교육적인 TV 프로그램과 영화도 적지 않습니다. 하나님이 주신 일반 은혜로 연극, 영화, 체육, 음악, 미술 같은 분야에도 그리스도인이 진출해야 합니다. 선한 TV 프로그램과 영화도 많이 만들어야 합니다. 세상 친구들은 그리스도인과 가치관, 인생관이 다르므로 대화하기 어렵습니다. 그렇다고 그들을 피한다면 누가 그들을 전도해 구원을 얻게 할까요? 주님은 우리가 가정이나 산속에 운둔해 사는 것을 원치 않으시고, 세상 속으로 보내셨다는 것을 기억해야 합니다(요한복음 17:18).

그리스도인은 세상과 분리되는 것이 아니라 세상과 구별되어야 하는 동시에 혼합되지 않아야 한다는 대원칙을 기억해야 합니다. 많은 그리스도인이 이 부분에서 실수해 세상과 분리되는 것을 자랑하지만 잘못될 가능성이 많습니다. 우리는 할 수만 있다면 세상 사람들을 더 많이 알려 노력하고, 그들을 올바르게 이끌기 위해 기도하고 노력해야 합니다.

형제님이 섬기는 교회에서는 크게 세 가지를 강조하고 있습니다. 하나씩 살펴봅니다.

첫째, 죄가 하나라도 있으면 천국에 들어갈 수 없다고 합니다.

일견 옳게 보이지만 그렇지 않습니다. 죄가 없는 사람은 단 한 명도 없습니다(전도서 7:20 / 시편 14:1~3 / 로마서 3:10, 3:12, 3:23). 사도 바울도 자신이 죄 속에서 살고 있는 비참한 자라고 고백했습니다(로마서 7:24). 그는 말년에도 자신을 가리켜 죄인 중의 괴수라고 했습니다(디모데전서 1:15). 거듭난 삶을 살아가면서 자신을 닮으라는 말도 했던 바울이 어떻게 자신을 죄인 중에서 첫째가는 죄인이라고 고백했을까요?

우리의 몸(지체) 안에 있는 죄성은 사라지지 않습니다. 호흡이 멈추고 심장이 정지하기까지 우리는 죄에서 자유하지 못합니다. 비록 육체로는 죄를 짓지 않지만 마음속에서 일어나는 욕심, 탐심과 게으름을 피우는 죄성이 남아 있다는 것이지요.

구원에는 세 가지가 있습니다.

(1) 과거적 구원

과거적 구원은 선택, 소명, 회개, 칭의, 양자됨으로 과거의 죄는 모두 예수 십자가의 공로로 사라졌다는 것을 의미합니다.

(2) 현재적 구원

현재적 구원에는 성화나 견인이 있습니다. 칭의(하나님 앞에 의롭다거나 깨끗하다고 칭함을 받음)를 받은 그리스도인은 성화(거룩한 삶을 살아감)의 과정을 거치며 매일 죄를 짓기도 하고 회개하기도 합니다. 죽을 때까지 죄 문제를 해결할 수 없습니다.

(3) 미래적 구원

미래적 구원에는 영화가 있으며 내 육체가 죽어야 이루어집니다. 신학적으로는 예수님이 재림할 때 죄 문제가 완전하게 해결됩니다. 더 이상 죄를 짓지 않는 새로운 몸이 되는 것이지요.

그리스도인은 죽을 때까지 죄를 짓습니다. 하나님을 사랑하지 못하고 이웃을 사랑하지 못한 것이 모두 죄가 되기 때문에 누구도 죄에서 자유로울 수 없습니다. 그러나 그리스도인이 살면서 지은 모든 죄는 용서를 받습니다(마태복음 12:31 / 골로새서 2:13). 칭의로 구원받는 그리스도인이 성화의 과정을 살다가 죽으면 깨끗하게 되어 천국에 들어갑니다. 결국 "죄가 하나라도 있으면 천국에 들어갈 수 없다"는 주장에는 신자들에게 겁을 주어 뭔가를 얻어내거나 자신의 종으로 만들려는 의도가 숨어 있을 수도 있습니다.

둘째, 예수님께서 이 땅에 오신 것은 마귀를 멸하기 위해서라고 합니다.

예수님의 사역을 단지 마귀 문제로 국한하는 것은 잘못입니다. 예수님이 이 땅에 오신 이유는 많지만, 몇 가지만 예를 들어봅니다.

(1) 십자가를 지시고 하나님과의 언약을 이루기 위하여
(2) 이 세상의 죄를 몸소 지시고 믿는 자에게 자유를 주시려고
(3) 믿는 사람에게 영생을 주시려고
(4) 마귀의 일을 멸하시려고 (요한일서 3:8)

귀신론을 주장하는 교회에서는 '마귀'와 '마귀의 일'을 구별하지 못하는 잘못을 범합니다. 마귀를 없애는 것과 마귀가 한 일을 제거하는 것은 분명 차이가 있습니다. 마귀는 분쟁, 시기, 거짓말, 살인, 죽음 등 여러 가지 일을 합니다. 반면 이런 불의한 것들을 없애고 평화, 사랑, 정의, 화해, 영생 같은 것을 주시려고 오신 분이 예수님입니다. 마귀가 한 일은 예수님의 십자가 공로로 무효화되고 인간은 용서를 받을 수 있습니다.

마귀는 사라지지 않고 아직도 이 세상에 존재합니다. 불신자는 사탄의 종이고 신자를 공격하려고 호시탐탐 노리고 있습니다. 우는 사자처럼 삼킬 자를 찾고 있습니다 (베드로전서 5:8). 사탄 마귀는 예수님의 부활로 힘을 잃었습니다. 사탄은 하나님이 허용하는 한도 안에서

만 일합니다. 아직 마지막 힘을 잃지는 않았으므로 최후 발악을 하고 있지만 예수님이 재림할 때 불못으로 던져질 것입니다(요한계시록 20:3, 20:14~15).

셋째, 우리 교회에만 구원이 있다고 합니다.

결국 그 교회에 출석하는 신자들만 구원을 얻는다는 것이군요. 성경에 그런 말이 어디 있나요? 만약 어떤 교회에만 구원이 있는 것이 사실이라면 성경이 거짓말을 가르친다는 뜻일 것입니다. 예수님이 내 죄를 대신해 십자가에서 죽으시고 부활하셨다는 사실을 마음으로 믿고 입으로 시인하면 구원을 받는다고 했으니까요(로마서 10:9~10). 또 예수를 믿는 자마다 멸망하지 않고 영생을 얻는다고(요한복음 3:16) 합니다.

요즘에도 내 교회에만 구원이 있다는 식으로 주장하는 교회가 줄어들지 않고 있다는 것을 잘 압니다. 그런 비성경적인 말은 이단이나 사이비 교주가 자주 사용한다는 것을 기억해야 합니다. 이단이나 사이비가 아닌 이상 다른 교단(장로교, 감리교, 성결교 등)이나 교회에도 구원은 있습니다. 심지어 코로나19 방역으로 교회에 나가지 못하는 신자도 구원을 받습니다.

넷째, 목사에게 순종하라고 합니다.

목사가 성경에 근거해 올바른 말을 하거나 사리에 맞는 말을 하면

순종하는 것이 당연합니다(히브리서 13:17). 그러나 목사가 비성경적이고 비윤리적인 말을 하거나 잘못된 결정을 내리면 불순종할 수도 있습니다. 하나님의 말씀에 순종하는 것이 중요하다는 것이지 목사의 말에 순종하라는 의미가 아닙니다. 다음에서 목사와 사모에게 순종하라고 주장하며 가르치는 교회가 자주 인용하는 성경 본문, 사무엘상 15장 22절을 새번역으로 읽어보겠습니다.

> 사무엘이 (사울 왕을) 나무랐다. "주(하나님)께서 어느 것을 더 좋아하시겠습니까? 주의 말씀에 순종하는 것이겠습니까? 아니면 번제나 화목제를 드리는 것이겠습니까? 잘 들으십시오. (하나님의 말씀에) 순종이 제사보다 낫고, (하나님의) 말씀을 따르는 것이 숫양의 기름보다 낫습니다."

분명히 하나님의 말씀에 순종하는 것이 제사를 지내거나 숫양의 기름을 바치는 것보다 낫다고 했습니다. 그런데 성경말씀을 문맥으로 읽지 않고 목사의 말씀에 순종하는 것으로 엉터리 해석을 하여 신자를 맹종하게 만듭니다. 하루빨리 한국교회에서 사라져야 할 잘못된 성경 해석입니다.

또 다윗 왕이 충신 우리아의 아내 밧세바를 범하고 우리아를 죽게 만들었을 때 선지자 나단은 다윗 왕의 결정에 순종하지 않고 잘못을 지적했습니다(사무엘하 12:7~12). 나단이 불의한 권력을 행세한 다윗을

꾸중한 것입니다. 사도 베드로와 요한도 최고 권력자인 공회원들이 예수님을 전하고 그 말씀을 가르치는 것을 막았을 때 이렇게 반대하고 저항했습니다(사도행전 4:18~19).

> 그런 다음에 그들은(공회원들은) 그 두 사람(베드로와 요한)을 불러서 절대로 예수의 이름으로 말하지도 말고 가르치지도 말라고 명령하였다. 그때에 베드로와 요한이 대답하였다. "하나님의 말씀을 듣는 것보다 당신들의 말을 듣는 것이 하나님 보시기에 옳은 일인가를 판단해보십시오."

결론입니다. 그 목사는 주의 종이 아닐 가능성이 큽니다. 속지 마십시오. 저 같으면 뒤도 돌아보지 않고 나오겠습니다. 그 교회를 나오려고 하면 십중팔구 엉터리 목사가 저주를 할 것입니다. 그 저주는 도리어 목사 본인에게 돌아가므로 걱정하지 마십시오.

13

침례교회는 사도신경을 거부하나요?

Q 침례교 목사님이 '사도신경'은 신앙생활을 하면서 삼위일체 하나님을 인정하는 근거가 되는 참고사항일 뿐 그 이상도 이하도 아니라고 하셨습니다. 사도신경은 성경에 기록되어 있지 않은 가톨릭의 잔재라고 하면서 일단은 알아두면 좋다고 하셨습니다. 결국 침례교회에서는 사도신경을 암송하지 않는데, 별문제가 없는지 알고 싶습니다.

A 대답하기 어려운 질문을 하셨습니다. 침례교단의 목사님들이 동일한 교리적 입장을 취하지는 않으므로 일률적으로 답변하기가 곤란하다는 의미입니다. 침례교는 교리 부분에서 장로교나 감리교 교단과 약간 다른 점이 있는 것이 사실입니다.

침례교는 사도신경을 거부하지는 않고 인정하는 수준이라고 봐야 할 것입니다. 그렇기는 하나 사도신경을 고백하거나 암송하지 않는 침례교회가 대부분입니다. 근본주의적인 신앙을 가진 분은 침례교를 이단이라고 말하기도 하는데 이에 동의할 수 없습니다. 만약 사도신경을 거부하고 인정하지 않는다면 이단성이 있다고 말해도 좋습니다. 하지만 사도신경을 믿고 인정하면서도 예배 중에 사도신경을 고백하지 않는 교회를 이단성이 있다고 할 수는 없습니다.

예를 듭니다. 분당우리교회(이찬수 목사)에서도 불과 2년 전까지만 해도 예배 중에 사도신경을 고백하지 않았습니다. 제가 이에 대해 바람직하지 않다는 글을 썼고, 몇 개월 뒤 분당우리교회에서 제 의견을 수용해 사도신경을 고백하여 현재까지 이어지고 있습니다. 사도신경을 고백하지 않는 것이 바람직하지 않다는 것을 알았기 때문이라고 생각합니다. 사도신경을 고백하지 않는 교회 중에는 이단 사이비가 많으므로 오해받을 수도 있다는 점을 각오해야 합니다.

만약 사도신경을 인정하지 않고 거부하거나 터부시한다면 그것은 성경을 거부하거나 믿지 않는 것이라 해도 과언이 아닙니다. 사도신경은 주님이 가르쳐준 기도처럼 성경에 본문이 그대로 나오지는 않지만 지극히 성경적입니다. 사도신경의 조항이 모두 성경 본문에 나오며, 성경을 인용하지 않은 부분이 없습니다.

성경에 문자 그대로 나오지 않는다고 하여 사도신경을 부정하는 것은 큰 잘못입니다. 삼위일체, 하나님의 섭리, 이신칭의, 가현설, 개혁주의, 일반계시 등 많은 신학적 용어가 성경에 나오지 않습니다. 그렇다면 우리는 그런 것을 거부해야 할까요? 아닙니다. 거부한다면 우리는 기독교를 제대로 설명할 수 없게 됩니다.

다른 교단과 달리 침례교에는 특별히 이단이 많습니다. 우리에게 익숙한 침례교 간판을 걸고 포교하는 이단들이 우리나라에 크게 세 개가 있으니 각별히 경계해야 합니다. 또 『킹제임스성경(흠정역 성경)』만을 정경으로 인정하고 다른 성경을 인정하지 않는 이단성이 다분한 침례교회들도 있습니다. 자신이 침례교회에서 믿음 생활을 한다면 반드시 이단인지 아닌지 확인해봐야 합니다.

기독교한국침례회와 한국성서침례회만 정통 교파이고 나머지는 모두 이단이라고 보면 정확합니다. 형제님이 침례교회 교인이라면 지금 주보나 교회 간판, 교회 홈페이지를 살펴보십시오. 그리고 만약 그 두 교단이 아니라면 이단으로 간주하십시오.

침례교의 시초는 17세기 재세례파(세례 대신 침례, 유아세례 거부, 재침례 요구, 교회에 대한 국가의 관여 금지 등)와 어느 정도 연관이 있습니다. 재세례파는 로마가톨릭(천주교)과 개혁파(장로교), 루터파(루터교회) 모두로부터 공격을 받아 이단이 되었던 때가 있습니다. 재세례파의 후예 격인 침례교는 로마가톨릭으로부터 엄청난 박해를 받아서 가톨릭을 이단이라 하며, 심지어 가톨릭 냄새가 난다고 사도신경을 싫어하는 목사들도 있습니다.

사도신경 인정이나 고백 여부를 떠나서 사도신경을 공부하고 개인적으로 신앙을 자주 고백하십시오. 신앙에 매우 유익할 것입니다.

Chapter 03

생활 상담

01

기도해도 취업이 되지 않아요

Q 대학교 1학년 때부터 취업 준비를 하며 학점, 외국어 능력, 자격증 취득, 봉사활동을 했습니다. 교회에서도 청년부로 찬양대와 주일학교 교사를 하면서 기도도 많이 했습니다. 그런데 대학교를 졸업하고도 취업이 되지 않아 고민 중입니다. 기도원 원장님에게 가서 예언 기도도 받았지만 아무런 효험도 없습니다. 기도의 양이 부족하다는 주변의 조언에 따라 40일 기도라도 해야 하는 것인가요?

A 취업이 어려운 것은 어제오늘의 일이 아닙니다. 많은 청년이 취업을 원하고 있지만 생각처럼 좋은 일자리가 많지 않습니다. 게다가 요즘은 코로나19로 기업과 관공서가 취업문을 닫아걸고 있는 실정입니다. 이제야 취업문을 열고 있지만 적체되어 취업문이 좁은 데다 경제 전망이 불투명해 신규 인력 채용을 꺼리는 기업들이 많습니다. 하루빨리 코로나가 종식되고 경제가 활성화되기를 소망합니다만, 전망은 어두워져만 갑니다. 몇 가지 조언을 합니다.

첫째, 눈높이를 낮추십시오.

대기업, 공무원, 국영기업처럼 보수가 높거나 신분이 보장되는 안정된 일자리만 찾고 있는 것은 아닌가요? 좋은 일자리는 누구나 선호하므로 취업하기가 매우 어렵습니다. 게다가 어떤 회사는 학벌을 중시하고 규정된 학점이나 스펙에 도달하지 않으면 아예 서류전형 단계에서 탈락을 시켜버립니다. 냉철하게 자신의 능력과 스펙을 검토해야 합니다. 세상은 그렇게 만만하지도 호락호락하지도 않습니다. 요즘 청년들은 어렵고 더럽고 힘든 일터에는 취업을 꺼립니다. 근무 환경과 조건이 좋지 않으므로 처음부터 그런 3D 업종에 입사하기를 싫어하는 것이지요.

다른 사람들이 모두 원하는 곳은 경쟁이 치열할 수밖에 없습니다. 중소기업체에 눈을 돌려 취업하는 것도 고려해볼 만합니다. 그곳에서 열심히 일하며 많은 것을 배우고 실력을 쌓다 보면 대기업에 경력 사원으로 취업하는 길이 반드시 열립니다. 중소기업 경영자에게 죄송합니다만, 제 경험으로 보아 한 회사에서 최소 3~5년을 성실히 일하면 반드시 대기업으로 입사할 기회가 찾아옵니다.

성경을 보아도 고생하거나 고난을 겪지 않은 사람은 거의 없습니다. 야곱은 20년간 갖은 고생을 했고, 국무총리를 했던 요셉도 13년을 감옥에 갇혀 지냈습니다. 이스라엘을 이끌었던 모세도 40년간 처가살이를, 다윗도 왕이 되기 전 10년 동안 도망자 신세를 면치 못했습니다.

둘째, 예언 기도에 의지하지 마십시오.

오죽하면 기도원 원장에게 가서 예언 기도를 받을까요? 이해할 만한 부분이 없지는 않지만 이는 피해야 합니다. 예언(豫言)은 미래를 예상하거나 점을 치는 것이 아닙니다. 성경에서 말하는 예언은 앞날을 예측하는 예언(豫言)이 아니라 하나님의 말씀을 맡아 전달하는 예언(預言)이 더 정확한 표현입니다. 한자로는 '미리 예(豫)'가 아니라 '맡길 예(預)'를 써야 합니다. 물론 성경이 완성되지 않은 시점에서는 하나님이 꿈, 환상으로 예언(豫言)을 하시기도 했지만, 성경이 완성된 1세기부터는 예언이 사라졌습니다(히브리서 1:1~2).

성경을 보면 사울 왕은 블레셋과 전쟁하려 할 때 두려워서 하나님께 기도했지만 꿈이나 우림이나 선지자로 응답하지 않았습니다. 그러자 사울은 무당을 찾아갑니다(사무엘상 28:3~19). 하나님은 초혼자(招魂者)나 점쟁이를 용납하지 않으십니다(신명기 18:10~12). 무당을 죽이라고 했다는 것을 기억하십시오(출애굽기 22:18).

그런데 개인 신상의 문제를 가지고 예언 기도를 받거나 점을 치는 신자들이 지금도 있습니다. 그리스도인의 미래는 전적으로 하나님께 달려 있다는 것을 믿어야 합니다. 꼭 기도를 받고 싶으면 담임목사님께 도고기도를 요청하거나 기도를 받으십시오. 저도 얼마 전 공무원 시험을 치르는 블로그 식구와 통화하면서 함께 기도를 했습니다. 마치 전쟁터로 나가는 군인들 앞에서 목사가 기도하는 마음으로…….

셋째, 기도를 많이 한다고 반드시 이루어지는 것은 아닙니다.

기도를 많이 하거나 오래하면 이루어진다는 내용은 기독교 신앙에서는 존재하지 않습니다. 불교나 이슬람교 같은 타종교의 기도나 무속적 영향이 교회 안에 슬며시 자리를 잡은 것입니다. 불교의 백일기도, 이슬람교의 하루 5번 기도가 대표적입니다. 구약에는 이방 종교가 신에게 정성을 바친다고 사람을 바치고(레위기 18:21 / 신명기 12:31 / 시편 106:37~38 / 예레미야 19:5 / 에스겔 16:21 등), 소리를 지르고 자기 몸에 피를 내는 모습(열왕기상 18:27~28)이 나옵니다. 기독교 신앙과는 관계가 없습니다.

금식기도를 하는 예를 성경에서 봅니다. 국가적인 환난이나 위기가 닥칠 때(역대하 20:3 / 에스더 4:3, 4:16), 죄의 회개(레위기 16:29, 23:27 / 사사기 20:26, / 사무엘상 7:6 / 열왕기상 21:27 / 느헤미야 9:1 / 요나 3:5), 회복의 기도와 간구(사무엘하 12:16 / 에스라 8:21 / 느헤미야 1:4 / 다니엘 6:18, 9:3)로 기도와 금식을 했습니다.

하지만 신약은 금식기도를 강조하지 않습니다. 예수님은 단 한 번 40일 금식기도를 했고 제자들은 금식을 전혀 하지 않았습니다. 이방인의 사도인 바울과 디모데 등도 금식을 했다는 기록이 없습니다. 도리어 예수님은 40일 금식기도 후 사탄에게 시험을 받았습니다. 문자적으로 해석하면 금식기도 후에 사탄의 시험이 있을 수도 있다는 것을 의미하지 않을까요?

40일 금식기도는 매우 어렵습니다. 잘못하다가는 건강에 치명적인 문제가 생겨 사망할 수도 있습니다. 40일 금식기도 중에 사망하는 신자들도 있습니다. 그런데 그렇게 기도한다고 해도 응답이 이루어진다는 보장은 없습니다.

굳이 금식을 하겠다면 하루에 한 끼 정도는 금식할 수 있다고 봅니다. 금식으로 절약한 돈은 헌금을 하거나 원하는 곳에 후원을 해도 되고요. 주의할 것은 금식을 자랑하거나 자신의 의를 드러내거나 다른 사람을 정죄하는 행위를 해서는 안 된다는 점입니다.

내 뜻대로 이루어지는 것만이 기도의 응답은 아닐 수 있습니다. 지금 취업이 되지 않는 것이 나중에 보면 더욱 큰 복이 될 수도 있습니다. 이 점을 기억하십시오. 하나님의 뜻대로 부르심을 입은 그리스도인에게는 모든 것이 합력하여 선을 이루니까요(로마서 8:28). 하나님은 결코 택하신 백성(자녀)을 버리지 않으십니다. 실망하지 말고 굳건한 믿음으로 하나님께 소망을 두시길 바랍니다.

02

똑똑한 의사와 교수가 왜 이단으로 가나요?

Q 왜 많이 배우고 똑똑한 신자들이 이단 사이비의 주장에 넘어갈까요? 특히 의사나 교수가 이단에 있어 평범한 신자들이 덩달아 이단으로 가기도 합니다. 이단들은 그런 사회 지도층이 자기네 교회에 있다고 자랑을 합니다.

A 이단 사이비로 넘어가는 원인은 다양합니다.
한 예로 기성 교회에서 가르쳐주지 않는 새로운(?) 것을 이단이 가르친다는 미끼를 덥석 무는 경우입니다. "당신에 관한 하나님의 음성을 들었다"고 하면 하나님의 음성을 듣고 싶어 하는 신자는 움찔하고 속습니다.

"가인이 동생 아벨을 죽인 뒤 왜 다른 사람들을 두려워했을까?" 하는 질문은 어떤가요? 대답하기 어렵습니다. 이때 성경을 알고 싶은 신자는 교회에서 가르쳐주지 않는 것을 이단이 가르쳐준다면서 이단으로 갑니다. 교회에서 알려주지 않거나 필요 없다고 알려주지 않는 성경책이 분명 있습니다. 대표적인 것이 구약의 다니엘서와 신약의 요한계시록입니다.

그런 성경은 몰라도 신앙생활을 하는 데는 아무 문제가 없습니다. 아니면 필요한 부분만 알아도 충분합니다. 예컨대 다니엘서는 역사적 사실(다니엘 1~6장)과 세계 열방의 미래의 역사(7~12장)에 대한 책입니다. 또 요한계시록은 희망과 용기를 주는 책으로 교회의 승리와 최종 구원에 대한 내용인데, 교회는 승리하고 사탄과 세상은 멸망한다는 정도만 알아도 충분합니다.

그런데 어떤 교회에서는 그런 성경책을 잘 설명해주지 않고 알 필요가 없다고 합니다. 슬쩍 넘어가거나 때가 되면 알게 된다고 지나가는 경우도 있습니다. 아니면 그저 성경을 읽고 기도만 하면 때가 되면 이해가 된다고 합니다. 사실 몇 십 년이 지나도 저절로 알게 되는 일은 없습니다(웃음). 교회에서 그런 말을 하는 것은 이해합니다. 공연히 골치 아픈 것을 설명해도 별 유익이 없기 때문입니다.

의사도 일반의가 있고 전문의가 있습니다. 전문의나 대학병원 전공의에게 가야 치료받을 수 있는 경우가 많습니다. 그런데 전문의나 대학병원 의사에게 가지 않고 돌팔이 의사인 이단 사이비에게 가는 사람들이 있습니다. 참 딱하기도 하고 답답하고 화도 납니다.

이단에 가는 또 다른 이유는 "우리 교회에만 구원이 있고 다른 기성 교회에는 구원이 없다"는 희소성 때문입니다. "너만 아는 비밀이야", "다른 교회는 다 가짜 복음이고 우리 교회만 진짜 복음이야", "우리 목사님은 설교 준비를 하지 않고 기도만 하면 하나님이 계시로 말씀을 부어주시지" 하고 말하면 신학적으로 무지한 신자는 넘어가기 쉽습니다. 아니라고요? 여러분은 지혜롭거나 겁이 많아서 이단으로 가지 않지만 의외로 이단으로 가는 신자들이 많습니다.

기억하십시오. 한국 교인 800만 명 중에서 200만 명은 이단 사이비입니다. 정통을 빙자한 불건전한 교회까지 계산하면 그 숫자는 엄청나게 늘어날 것입니다.

머리가 뛰어나고 우수하며 똑똑한 의사, 교수라 해도 교리나 신학을 제대로 배우지 못하면 무식한 신자가 됩니다. 제 주변에도 의사, 교수가 있지만 이단에 속한 사람들이 있습니다. 나중에 안 사실이지만 제 허리 디스크를 수술한 대학병원 의사는 코로나 감염으로 물의를 빚었던 선교단체 소속입니다. 예전에는 서울의 한 대형 교회를 다녔다고 합니다.

머리가 좋고 우수하다고 이단 사이비에 가지 않는다는 보장은 없습니다. 제 블로그에도 이단성이 있는 교회나 단체에 소속된 의사와 교수가 찾아오는 것으로 압니다. 머리가 좋다고 성경을 다 알고 이해할 수 있는 것은 아닙니다.

아주 쉽고 간단한 예를 듭니다. 매우 쉽습니다. 우리가 다 인정하는 삼단논법에 따라 풀어봅니다.

"마리아는 예수를 낳았다."

"예수는 하나님이다."

"그러므로 마리아는 하나님의 어머니다."

마리아가 예수를 낳은 것은 사실입니다. 예수가 하나님이라는 것도 사실입니다. 그러므로 마리아가 하나님의 어머니라는 결론이 나옵니다. 맞습니까? 이 질문에 '예', '아니요'로 답해보십시오.

'예'라고 하자니 뭔가 찜찜하고, '아니요'라고 대답하기도 곤란합니다. 마리아가 하나님이 될 수 있다고 하니 머리가 혼란스럽습니다. 그렇습니다. 논리적으로는 맞을 수도 있지만 신학적으로는 잘못되었습니다. 예전에도 피교육자인 교수님들에게 이 질문을 던졌습니다. 뭐라고 답했을까요? 이러지도 저러지도 못하고 끙끙대던 일이 새록새록 떠오릅니다. 어디가 잘못되었느냐고 물어도 대답하지 못했습니다.

위의 삼단논법에서 어디가 잘못일까요?

첫째, 하나님은 스스로 있는 자이므로 어머니가 없습니다.

하나님은 아버지도 없는 자존자이십니다. 그러므로 마리아는 하나님의 어머니가 될 수 없습니다.

둘째, 마리아가 예수를 낳고 길렀지만 그것은 육적인 관계일 뿐입니다.

하나님은 삼위일체로 존재합니다. 성부 하나님이 성자 예수님을 낳으시고 성자는 성부에게 나시며 성령은 성부와 성자에게서 나오신다는 삼위일체 교리에 어긋납니다. 마리아는 사람이므로 하나님이 될 수 없고, 하나님의 어머니도 아닙니다.

셋째, 예수님은 하나님인 동시에 하나님의 아들입니다.

예수님은 신성 100%, 인성 100%이십니다. 하지만 마리아는 단지 인성 100%를 지닌 사람일 뿐입니다. 예수님과는 본질적으로 다르므로 마리아는 하나님의 어머니가 될 수 없습니다.

이단들은 이런 삼단논법을 잘 사용합니다. 비유풀이나 짝풀이로 성경을 풀고 해석하고 세뇌시키면 십중팔구 넘어갑니다. 모든 성경에는 짝이 있다면서 성경을 짝으로 이어가면 속기 쉽습니다(이사야 34:16).

그러므로 의사나 교수가 이단에 있다고 속아서는 안 됩니다. 똑똑하고 영리하다면서 점을 치러 무속인을 찾아가지 않나요? 불교신자 가운데도 의사, 교수가 많습니다. 종교와 세상 학문을 직접 연결시키는 것은 바람직하지 않습니다.

03

로또 복권을 사면서 기도해도 되나요?

Q 마태복음 7장 7절의 "구하라 주실 것이요 찾으라 찾을 것이요 문을 두드리라 그러면 열릴 것이다"는 말씀에 근거해 로또 복권을 구입했습니다. 1등에 당첨되면 은행 부채도 갚고 감사헌금과 건축헌금도 하고 십일조도 하겠다고 기도했습니다. 일주일에 10만 원씩 로또 복권을 구입했는데, 3년이 지난 지금까지 1등은커녕 4등 몇 장과 5등만 당첨이 되는 형편입니다. 예수님이 거짓말을 하신 것 아닌가요?

A 은행 부채가 많은 것 같습니다. 얼마 전 신문기사를 보니 1가구당 은행대출이 1억 원에 육박하고 있다고 합니다. 로또 복권을 구입하는 사람들은 대부분 부자가 아니라 중산층 미만에 해당하는 사람들입니다. 부자는 절대로 복권을 사지 않으니까요. 지금처럼 부동산 가격이 급등하면(최근 3년 동안 50% 인상) 무주택 서민들은 더욱더 초조해지거나 절망에 빠지게 됩니다. 특히 청년들은 말할 것도 없지요.

이럴 때 누구나 한 번쯤 생각하는 것이 복권입니다. 우리나라에서도 주택복권이 등장한 지 벌써 50년이 되어갑니다. 복권제도는 법의 보호를 받으며 계속 급성장했고, 사람들의 사행심(射倖心)을 은근히 조장해왔습니다. 게다가 무주택자를 위한 기금으로 사용한다며 복권 구입을 정당화하고 부추기기도 했습니다.

이런 복권제도는 결단코 사회적으로 바람직하거나 건강한 제도가 아닙니다. 이렇게 요행과 일확천금에 눈먼 사람들이 많아지면 많아질수록 그 사회는 어두워지고 발전 가능성이 없어지니까요. 우리 주변에 보이는 경마, 경륜, 경정도 마찬가지입니다. 1년에 한두 번 정도 오락 삼아 가족 단위로 현장에 가는 것은 이해할 수도 있고 가능하다고 봅니다. 그러나 돈을 벌려는 목적으로 간다면 도박이나 다름없습니다.

또 다른 문제는 설사 로또 복권을 구입해 1등에 당첨되어도 삶이나 인생의 결과가 좋지 않다는 데 있습니다. 대개는 가정이 파탄 나고 인생이 엉망진창이 됩니다. 서양 속담에 "쉽게 번 돈은 쉽게 쓴다(Easily gained, easily spent.)"는 말이 있습니다. 성경도 자기의 재물을 의지하는 자는 패망한다고 경고합니다(잠언 11:28). 또 "망령되이 얻은 재물은 줄어가고 손으로 모은 것은 늘어간다"(잠언 13:11, 16:25, 20:21 등)고 헛되게 얻는 재물을 경계합니다.

사실 로또 복권을 사서 1등에 당첨될 확률은 벼락에 맞아 죽을 확률보다 낮다고 합니다. 그런데 거기에 집착하는 사람들을 보면 참으로 안타깝습니다.

매주 10만 원어치 복권을 구입하는 사람들을 저도 많이 보았습니다. 제 친구 중에도 그런 사람이 있으니까요. 그 친구가 복권 게임을 한 지 벌써 10년이 넘었습니다만 아직도 월세방 신세를 벗어나지 못하고 있습니다. 그뿐 아니라 가정은 파탄 나고 아이는 가출했습니다.

복권을 3년 동안 구입했다면 단순히 계산해도 1,500만 원 정도입니다. 10년간 복권을 구입한다면 5천만 원을 훌쩍 넘어갑니다. 그런 식으로 30년이 지나면 지방에서 집을 한 채 구입하고도 남을 것입니다. 차라리 복권 살 돈을 저축했다면 형편이 더 나아지지 않았을까요? 그래도 잃은 돈이 아까워서 계속 로또에 몰두하는 모습이 참 안타깝습니다.

성경은 열심히 일하면 부자가 되고 게으르면 가난하게 된다고 합니다(잠언 10:4, 12:2, 20:13, 24:33~34). 열심히 일해서 벌어들인 돈은 가치 있고 소중합니다. N번방으로 불로소득을 얻은 사람들이 그 돈으로 어떻게 살았나요? 먹고 마시며 흥청망청 유흥비에 탕진했다는 것을 우리는 잘 압니다.

이제 본론으로 들어갑니다.

3년 동안 복권 1등 당첨을 위해 기도했는데 왜 하나님이 그 기도에 응답하시지 않았을까요? "구하라 주실 것이요 찾으라 찾을 것이요 문을 두드리라 그러면 열릴 것이다"라고 예수님이 말씀하셨는데 하나님은 왜 그 기도에 응답하시지 않았을까요? 예수님이 거짓말을 한 것일까요?

그러다 보니 어떤 분은 기도하는 데 들이는 정성이 부족하다고 하고, 어떤 분은 아직도 기도의 분량이 부족하다고 합니다. 그런 말을 들으면 영적으로 옳다고 믿으며 기도 시간을 더 늘리고 더 열심히 기도하고 치성을 드립니다. 그러나 그것은 기독교 신앙이 아닙니다. 불교나 무속신앙에서 주장하는 것입니다. 노력만 하면 다 이루어진다는 공로 신앙이요 행위 신앙입니다. 공든 탑은 무너지지 않는다는 것이지요.

성경 해석이 어렵다고 하는 이유는 어떤 사안이나 문제에 대해 한 구절이나 한 책만 보고 평가하지 말아야 한다는 원칙 때문입니다. "구하여도 응답을 받지 못하는 것은 정욕으로 쓰려고 잘못 구하는 것"이라고 성경은 말씀합니다

예수님이 하신 말씀은 '하나님의 뜻'대로 하는 기도를 뜻합니다(요한일서 5:14). 하나님의 계명을 지키고 하나님이 기뻐하시는 것을 하면 하나님은 응답하십니다.

> "무엇이든지 구하는 바를 그에게서 받나니 이는 우리가 그의 계명을 지키고 그 앞에서 기뻐하시는 것을 행함이라"(요한일서 3:22)

헛된 기도는 3년이 아니라 30년을 해도 하나님이 응답하시지 않을 것입니다. 혹시 복권이 당첨되어 하나님께 많은 헌금을 드릴지라도

하나님은 받지 않으십니다. 하나님은 그렇게 복권에 당첨되면 그 돈으로 감사헌금, 십일조를 내겠다는 서원 기도는 받지 않으십니다.

> "창기가 번 돈과 개 같은 자의 소득은 어떤 서원하는 일로든지 네 하나님 여호와의 전에 가져오지 말라 이 둘은 다 네 하나님 여호와께 가증한 것임이니라"(신명기 23:18)

더럽게 번 돈은 가져오지 말고 서원 기도의 응답으로 갚지 말라는 것이 하나님의 뜻입니다.

제 생각에 복권을 일종의 재미로 사는 것은 괜찮다고 봅니다. 일주일에 한 장(5천 원)쯤 사는 것까지 말리고 싶지는 않습니다. 저도 올해 초에 로또 한 장을 구입했습니다. 제가 얼마나 복권에 의지하는 사람인지 시험해보기 위해서였지요. 그런데 복권을 구입했다는 것을 잊고 살다가 나중에야 확인했습니다. 역시 '꽝'이었습니다.(웃음)

지금부터 하나님께 기도하면서 굳게 마음먹고 복권 구매를 끊으십시오. 당첨되면 십일조나 감사헌금을 하겠다는 어떤 기도(서원 기도 포함)도 하지 마십시오. 그 대신 지금부터 매주 10만 원을 저축하길 바랍니다. 그리고 하나님께 감사헌금을 할 바랍니다. 헌금 액수는 중요하지 않습니다. 마음 내키는 대로 자유롭게 헌금하는 것이 중요합니다.

하나님을 의지하며 열심히 일하고 근검절약하며 살기를 바랍니다.

남들 먹는 것 다 먹고, 남들 사는 것 다 사고, 남들 가는 곳 다 가는 삶은 그리스도인다운 정신이나 가치가 아닙니다.

배나무 아래서 귤이 열리기를 바라는 기도는 하지 마십시오. 돈을 아무리 선하게 사용하더라도 벌어들인 수단과 방법이 옳지 않으면 죄악입니다. 그런 기도는 아무리 해도 하나님이 응답하시지 않는다는 것을 명심하십시오.

04

목사님이 성행위를 요구합니다

Q 담임목사님은 평소 자신이 성도들의 영적 아버지라고 말씀하시며 어렵고 힘든 문제가 생길 때마다 기도해주시고 상담해주시고 처리해주셨습니다. 어느 날 목사님이 "나는 집사님의 영적인 아버지이고 딸처럼 생각한다"며 성추행을 했습니다. 게다가 하나님이 저를 '목사님을 위로하는 헌신자'로 붙여주었으므로 하나가 될 수 있다면서 더 심한 행위를 요구합니다. 목사님의 요청을 거절하기도 어렵고, 교회를 떠나면 저주를 받는다고 합니다. 어떻게 하면 좋을까요?

A 아니, 목사가 어떻게 그런 말을 할 수 있나요? 이해할 수도 없고 이해해서도 안 되는 일이 벌어지고 있습니다. 지금 담임목사가 하는 행위는 이른바 '그루밍(grooming, 길들이기)'이라는 못된 짓입니다. 그루밍은 성도들을 서서히 길들여서 나중에 성폭력을 하는 것을 의미합니다. 보통 심각한 문제가 아닙니다. 그런 행위는 범죄입

니다. 절대로 교회에서 있어서는 안 되는 일입니다.

크게 두 가지로 나누어 생각해보려고 합니다.

첫째, 목사는 영적 아버지가 아닙니다.

목사가 성도의 영적 아버지라고 주장하는 사람들이 내세우는 성경 구절이 있습니다(고린도전서 4:17 / 디모데전서 1:2, 1:18 / 디모데후서 1:2, 2:1 / 디도서 1:4 / 베드로전서 5:13). 그중에서 한 가지만 봅니다.

"내가 주 안에서 내 사랑하고 신실한 아들 디모데를 너희에게 보내었으니"(고린도전서 4:17)

바울이 디모데와 디도를 아들로 여겼으니 목사도 성도의 영적 아버지라는 것입니다. 이는 잘못된 해석이요 적용입니다. 바울은 디모데와 디도, 베드로는 마가 외에는 아들이라고 불렀던 적이 전혀 없습니다(베드로전서 5:13). 즉, 바울과 베드로는 특정한 사람에게만 아버지와 아들 관계로 호칭했습니다. 그만큼 서로 사랑하고 아끼는 친밀한 관계였다는 뜻입니다.

목사가 영적인 아버지라고 주장하는 이들은 성경을 문자적으로 해석하려는 경향이 있습니다. 그렇다면 저도 문자적으로 해석해봅니다. 바울이 특정한 여자를 딸이라 지칭한 사실이 있을까요? 아무리 찾아봐도 없습니다. 그런데 왜 유독 여성 신자들에게만 딸이라는 호칭을 쓰며 영적인 아버지라고 주장할까요? 재산을 남겨줄 것도 아닌데 왜 영적 아버지라고 주장하는지 도무지 이해할 수 없습니다.

목사가 영적인 아버지가 될 수 없는 다른 이유를 봅니다.

예수님은 서기관들과 바리새인들이 상석인 모세의 자리에 앉은 것을 보고 꾸짖으셨습니다.

"땅에 있는 자를 아버지라 하지 말라 너희의 아버지는 한 분이시니 곧 하늘에 계신 이시니라"(마태복음 23:9)

서기관과 바리새인들은 랍비(오늘날 선생, 목사 격)라는 호칭도 모자라서 '아버지'라 불리기를 원했습니다. 영적인 아버지로 대접받으며 상석에 앉기를 바랐습니다. 그러나 예수님은 오직 한 분 하나님만 아버지라 부르라고 말씀하십니다. 어떤 사람도 아버지라 부르지 말라는 것입니다. 따라서 목사를 영적 아버지로 부를 수는 없습니다. 목사는 절대로 성도의 영적 아버지(또는 아비)가 될 수 없습니다. 그리스도인의 영적인 아버지는 오직 한 분 하나님이요, 육적인 아버지는 나를 낳아주시고 길러주신 분입니다.

둘째, 교회에서는 어떤 성적인 행위도 용납할 수 없습니다.

목사들 사이에서 농담(?)으로 은근히 퍼져 있는 말이 있습니다. 하나님이 목사를 위로하기 위해 목사에게 여성 신자를 붙여주신다는 것입니다. 목사 사역이 어렵고 힘들어서 하나님이 다른 여자와의 성관계도 이해하신다는 것이지요. 하나님도 한통속이 되고 범죄자가 되는 순간입니다. 누구보다 성적인 간음을 미워하고 싫어하는 분이 하나님이신데 어떻게 그런 말을 할 수 있는지 이해가 안 됩니다.

하나님은 간음을 극도로 미워하십니다. 하나님은 노아 시대에 사람들이 성적으로 문란하자 노아 가족을 제외한 모든 사람을 홍수로 멸망시키셨습니다. 소돔과 고모라 성의 사람들이 성적으로 문란한 것을 보고 용서하지 않고 유황불로 심판하셨습니다. 하나님이 주신 십계명 중 7계명이 '간음하지 말라'입니다. 다윗도 우리아의 아내 밧세바와 간음하고 하나님께 호된 심판을 받았습니다. 아들이 죽기도 하고 아들의 반역으로 왕궁에서 쫓겨나기도 했습니다. 이럴진대 어떻게 목사의 혼외정사가 정당화될 수 있습니까? 절대 그럴 수 없습니다.

목사가 아내 외의 여자와 입맞춤, 애무, 안마 등 유사성행위나 섹스를 하는 것은 명백한 범죄입니다. 그렇다면 이런 일이 발생했을 때 가장 신속하고 정확한 해결책이 당회나 노회에 연락하는 것일까요? 아닙니다. 교회는 자매님을 도와주기가 매우 어렵습니다. 한국교회의 당회, 노회, 총회에는 성폭력 관련 지침이나 매뉴얼이 없다고 해도 과언이 아닙니다. 교회는 성폭력 사건을 은혜롭게(?) 처리하길 원합니다. 그러다 보니 성폭력 사실을 쉬쉬하거나 숨기려고 합니다.

당회에서는 해당 목회자의 사직서를 받고 조용히 끝내는 경우가 많습니다. 노회도 교회 안에서 목회자가 자진해 사직서를 제출하는 선에서 끝내기를 바랍니다. 이런 식으로 종결된다고 문제가 해결되는 것은 아닙니다. 그 목회자가 다른 교회에 가서 또다시 범죄를 저지를 수 있는 환경을 만들어주는 것이니까요.

물론 피해자 여성은 제대로 보호받거나 치유되지 못한 채 마음에 상처가 생기고 신앙도 흔들리게 됩니다. 심지어 자신의 잘못(?)으로 목사가 교회를 떠났다는 죄책감에 사로잡히기도 합니다. 안타깝지만 법에 호소하는 것이 가장 효과적이고 이후 재발을 방지할 수 있는 방법입니다. 그러므로 성폭력센터에 신고해 도움을 받는 것이 바람직합니다.

이번 사건은 자매님의 잘못으로 발생한 것이 아니므로 부끄러워하거나 수치심을 느끼지 않기를 바랍니다. 자매님은 피해자입니다. 다음과 같이 처리할 것을 제안합니다.

첫째, 목사에게 당한 일이나 경험을 글로 남기십시오.

기억조차 하기 싫겠지만 이는 반드시 필요한 일이고 앞으로 사건 해결에 매우 중요한 실마리가 됩니다. 가해자인 목사와 주고받은 문자나 톡, 통화 내용을 확보하고 선물 사진도 찍어두십시오.

둘째, 성폭력 피해자를 돕는 상담소에 도움을 요청하십시오.

여성폭력 사이버 상담 홈페이지(https://www.women1366.kr)를 이용하길 바랍니다. 전화번호는 지역번호 없이 1366입니다. 아니면 해바라기센터(1899-3075)를 이용하길 바랍니다.

이렇게 법으로 호소한다고 해서 하나님께서 저주를 내린다거나 하나님의 영광을 가리는 것은 결코 아닙니다. 물론 이런 일로 인해 교회에 분란이 생기고 피해가 갈 수는 있지만, 아무리 목사라 해도 한 여성을 구렁텅이로 몰아넣거나 실족하게 만드는 성범죄는 처벌을 받아야 마땅합니다. 이런 성범죄가 끊임없이 벌어지는 이유는 교회에서 "은혜로 처리한다", "모든 사람은 죄인이다", "용서가 처벌보다 낫다"는 말로 가해자를 보호해왔기 때문입니다. 도리어 피해자를 나쁜 사람으로 보거나 믿음 없는 신자도 호도해온 것이 사실입니다.

이제는 단호한 처리로 성범죄의 뿌리를 뽑아야 하고 그것이 얼마나 무서운 죄인지를 목회자들이 알아야 합니다. 목회자는 일반 성도와는 비교가 되지 않는 도덕적·윤리적 삶을 살아야 하는 사람입니다. 목회자도 세상 법을 준수할 의무가 있습니다. 예외는 없습니다. 누구보다 모범적이고 존경받는 삶의 모습을 보여주어야 합니다.

이런 성문제를 마태복음 18장 15~17절에 의거해 성경적으로 처리하기를 원하는 경우도 있습니다. 담임목사와 직접 해결하는 것은 쉽지 않은 만큼 교회의 중직자인 장로나 권사와 만나서 상담하기도 합니다. 그러면 대개 교회 안에 이상한 소문이 돌기 시작합니다. "아무개가 목사에게 꼬리를 쳤다", "꽃뱀이다", "교회를 허물려는 사탄이다" 등의 말이 교회 안에 퍼져 도저히 감당할 수 없는 지경이 되는 것입니다. 더 중요한 것은 담임목사의 설교가 귀에 들어오지 않는다는 점입니다. 예배를 드리기가 어렵고 교회에 나오는 것이 꺼려집니다.

그렇게 해서 결국 피해자가 교회를 떠나는 경우가 대부분입니다.

실례를 듭니다. 2009년 서울 S교회 J목사가 성도들을 성폭행했지만 피해자들이 꽃뱀으로 몰리거나 J목사를 먼저 유혹했다는 소문이 퍼졌습니다. 성범죄 피해자들은 더 이상 교회에 출석하지 못했고 아예 교회를 등졌습니다. 2017년 재판 결과 J목사의 성범죄가 인정되었지만, 그는 회개하기는커녕 교회를 개척해 아직도 뻔뻔스럽게 목회를 하고 있습니다.

성범죄를 저지른 목회자를 용서하고 기회를 주어야 한다고 주장하는 사람들이 많다는 것을 압니다. 다윗의 예를 들면서 용서해주어야 한다고 주장합니다. 하지만 현실을 보십시오. 법의 준엄한 심판을 받고도 버젓이 목회를 하는 경우도 있습니다. "재판 결과가 잘못되었다", "사탄이 교회를 허물려고 한다", "우리 목사님은 그럴 분이 아니다. 누명이다" 하면서 말이지요.

성범죄는 일벌백계로 다스려야 합니다. 용서해서는 안 됩니다. 그게 싫으면 차라리 초대교회 교부 오리게네스(Origenes)처럼 성기를 절단하고 목회를 해야 합니다.

마지막으로, 성범죄를 범한 목사는 모든 교단에서 다시는 목사 자격을 얻을 수 없도록 명문화해야 합니다. 교회에서도 성범죄 조항을 삽입한 정관이나 매뉴얼을 만들고 목회자와 교인들에게 정기적으로 교육을 시켜야 하지 않을까요? 교회 안에서도 우리가 잘 인식하지 못하는 성추행, 성희롱 등이 빈번히 발생하고 있기 때문입니다. 목회자 뿐 아니라 지도자 위치에 있는 사람들에게서도 발생하니까요. 이를테면 여성의 어깨를 감싸거나 포옹하는 경우, 여신자의 팔을 만지거나 넓적다리에 손을 올리는 경우, "엉덩이가 커서 애를 잘 낳겠다"는 등의 성희롱은 절대 용납할 수 없습니다.

05

병원에 갈 수 없는 우울증 환자가 치유받는 방법이 있나요?

Q 우울증에 걸렸습니다. 그런데 병원에 가면 기록이 남아서 보험에도 가입할 수 없는 처지인데, 우울증에서 벗어나는 방법이 있다면 알려주세요.

A 어떻게 하면 우울증에서 탈출할 수 있을까요? 여러 가지 방법이 있습니다.

먼저, 병원에 가야 합니다.

정신병원에 가는 것을 두려워하지 마십시오. 병에는 육체의 병도 있지만 마음의 병도 있습니다. 심지어 영혼이 죽는 병도 있습니다. 의사의 진단을 받고 필요하다면 항우울제를 처방받으십시오. 한두 달 정도만 지나면 대개 안정이 됩니다.

다음으로, 상담심리사를 만나야 합니다.

기독교 상담을 공부한 상담사를 만나는 것이 가장 좋으며, 올바른 신앙을 지닌 상담사와 만나서 상담하는 것도 무척 도움이 됩니다. 단순히 일반 상담을 하는 기독교인 심리상담사는 별로 도움이 되지 않습니다. 말로만 기독교적으로 상담을 한다고 할 뿐 실제로는 일반심리학 이론을 그대로 적용하는 경우가 많기 때문입니다.

앞에서 말한 환경과 여건이 미비하거나 불가능한 기독교인들을 위해서는 다음과 같이 제안합니다. 이는 특히 비싼 상담료가 부담되거나 시간이 없는 분, 집안의 반대로 병원에서 의사와 상담할 수 없는 분들을 위한 조언입니다

첫째, 구원에 대한 확신을 가져야 합니다.

대개 우울증에 걸린 신자들은 구원에 대한 확신이 부족하거나 없는 경우가 많습니다. 심지어 구원을 얻는 방법도 모릅니다. 구원에 대한 확신을 가지십시오. 구원에 대한 확신은 단시간에 이루어지기도 하지만 대개 시간이 필요합니다. 머리로는 이해하지만 가슴으로 내려오기까지는 오랜 시간이 필요하다는 의미입니다.

나는 구원받은 하나님의 자녀임을 기억해야 합니다. 나의 아빠요 아버지인 하나님도 함께 아파하심을 기억하고 용기를 가져야 합니다. 아울러 성경 속의 많은 위인도 우울증을 경험했다는 것을 기억하는 것이 중요합니다. 누구나 우울을 경험한다는 것을, 단지 우울의 정도 차이만 있을 뿐임을.

둘째, 하나님에 대한 기쁨과 감사가 필요합니다.

하나님에 대한 절대적 믿음을 가지는 것이 중요합니다. 사도 바울도 "오호라 나는 곤고한(비참한) 자로다"(로마서 7:24)라며 죄를 지을 수밖에 없는 한심하고 비참한 자신에 대해 절망에 빠졌습니다. 그러나 바울은 곧 자신을 구원해주신 예수님의 십자가를 생각하며 하나님께 감사합니다(로마서 7:25). 그리고 곧 그리스도 예수 안에 있는 사람은 결코 정죄함(죄인이라고 판사가 판결하는 것)이 없다고 선언합니다(로마서 8:1).

누구나 죄를 범합니다. 죄를 짓지 않는 사람은 아무도 없습니다. 죄책감에 빠지지 않는 것이 중요합니다. 하나님의 아들답게 딸답게 뻔뻔하게 살아가려고 노력하길 바랍니다. 죄의식은 필요하지만 죄책감은 버리십시오. 그리고 하나님께 감사하며 당당하게 사십시오.

셋째, 부정적인 하나님의 이미지를 바꿔야 합니다.

우울증에 걸린 신자들은 대개 "나는 하나님께 버림을 받았다", "나는 하나님께 용서받을 수 없는 죄를 지었다", "나는 반복해서 죄를 짓는 한심한 신자다", "나는 이제 쓸모없는 인물이다", "나는 잘할 수 있는 것이 하나도 없다", "하나님은 무서운 분이다" 같은 생각을 자주 합니다.

우리가 기억해야 할 것은 사람은 완전하거나 완벽한 존재가 아니라는 사실입니다. 도리어 사람은 실수하고 잘못하는 부족한 존재라는 사실을 인식하는 것이 중요합니다. 누구나 실패할 수 있고 잘못할 수 있습니다. 그러므로 하나님께 기도하고 도움을 요청하는 것입니다. 어쩌면 완벽하고 완전한 사람에게는 하나님이 필요 없을지도 모릅니다.

때로는 화를 낼 수도 있습니다. 무기력하고 좌절에 빠질 수도 있습니다. 낙담하고 슬퍼하거나 울 수도 있습니다. 하나님의 아들인 예수님도 우셨고, 좌절하기도 했고, 하나님과의 단절을 경험하기도 했습니다. 우리는 모두 부족한 피조물이며 성화의 과정을 살아가는 피조물이라는 점을 인정해야 합니다.

넷째, 활동적인 사람이 되어야 합니다.

대개 우울증을 경험 중인 신자들은 집이나 침대에서 지내는 경우가 많습니다. 혼자 고민하고 생각하면서 인생의 비참함에 대해 괴로워하며 두문불출하기도 합니다. 겨우 주일에 교회나 다녀오면 다행으로 여깁니다. 도리어 이런 분들은 사소한 일상적 일이나 가족과의 대화에 참여하는 것이 좋습니다. 산책도 하고 시장에도 가는 것이 바람직합니다. 취미 활동도 도움이 되고 불우한 이웃을 돕는 일에 참여하는 것도 도움이 됩니다.

걷거나 산책하면서 하나님이 만드신 자연을 감상하고 깨닫는 것도 추천합니다. 하나님이 이름 없는 풀 한 포기도 사랑하고 계신다는 것을 알 수 있고, 작고 보잘것없는 풀이나 꽃이 피어나는 아름다운 장면에서 용기를 얻을 수도 있습니다.

다섯째, 가족의 돌봄과 기다림이 필요합니다.

우울증은 가족 간의 문제에서 많이 발생한다고 합니다. 자신이 혼자가 아니라는 사실을 깨달아야 합니다. 가족 구성원은 기다려줄 수 있다는 것을 보여주어야 합니다. 가족이 격려하고 용기를 줄 때 빨리 벗어날 수 있기 때문입니다. 우울증이라는 어려움에서 벗어나는 데는 가족이 필요합니다. 한결같은 관심과 돌봄이 필요합니다. 조급하게 생각하지 말고 기다려주십시오.

감기는 병원에 가도 사흘, 병원에 가지 않아도 3일이면 낫는다는 말이 있습니다. 잘 쉬고 잘 먹고 스트레스를 받지 않으면 낫지요. 우울증도 감기와 같다고 보면 됩니다. 당장은 괴롭고 어렵지만 회복되는 마음의 병입니다.

06

성관계할 때 피임을 하고 출산하지 않아도 되나요?

Q "예수께서 이르시되 사람마다 이 말을 받지 못하고 오직 타고난 자라야 할지니라 어머니의 태로부터 된 고자도 있고 사람이 만든 고자도 있고 천국을 위하여 스스로 된 고자도 있도다 이 말을 받을 만한 자는 받을지어다"(마태복음 19:11~12)

이 구절이 인간이 아기를 가지면 안 된다는 반출생주의를 지지하고 있나요? 아니면 섹스는 하면서 피임으로 자식을 낳지 않는 것을 우려하는 것인가요? 그것도 아니라면 금욕 생활로 출산하지 않는 것이 옳다는 말씀인가요?

A 현대인, 특히 불신자들 가운데 아이를 낳을 필요가 없다고 하는 소수가 있다는 것을 압니다. 이와 관련해 회원이 4만 명에 육박하는 인터넷 카페도 있습니다. 아마도 아이를 키우며 살아가기엔 경제적 문제를 비롯해 여러 가지 문제가 있기 때문일 것입니다. 이해하지 못하는 것은 아니지만 이기적인 발상이라는 생각을 지

울 수 없습니다. 모두 그랬다가는 인류는 멸망하고 말 테니까요. 이는 하나님의 명령에 직접 대항하고 반항하는 것이라고 봅니다(창세기 1:28).

대부분의 한국 교인들이 성경을 해석할 때 발생하는 문제가 이 질문에서도 어김없이 드러납니다. 어떤 성경을 해석하고 적용할 때 반드시 지켜야 할 원칙은 전체적인 글의 흐름 속에서 이루어져야 한다는 것입니다. 그러지 않으면 본래 글의 의도와 맞지 않는 엉터리 해석이 될 가능성이 많습니다.

마태복음 19장 11~12절도 마태복음 19장 1~12절로 확대해 해석해야 합니다. 이 본문에서는 바리새인들이 함부로 여자를 버리고 이혼하는 것을 주님이 나무라시며 결혼의 신성함을 설명하고 있습니다. 본문에서 주님은 음행 외에는 결단코 이혼을 허락지 않으십니다. 이에 반대한(?) 제자들이 "이렇게 이혼이 어렵다면 차라리 결혼하지 않는 게 좋겠다"고 항의조로 말합니다. 그 당시만 해도 여자는 마음에 들지 않으면 언제든 버려도 된다는 남성우월주의가 자리를 잡고 있었으니까요.

우리나라도 불과 백여 년 전까지는 칠거지악(七去之惡)이라고 해서 아내를 내버릴 수 있는 일곱 가지 죄가 있었지요. 지금 같으면 인권 문제로 난리가 날 것입니다.(웃음) 삼불거(三不去)라고 해서 함부로 아내를 내쫓지 못하는 경우도 있었지만 이는 무시되곤 했습니다. 아내를 내쫓을 수 없는 세 가지 경우는 내쫓아도 돌아가 의지할 곳이 없을 때,

부모 삼년상을 치렀을 때, 장가들 때 가난했던 집안을 일으켜 부자가 되었을 때입니다.

주님은 모든 사람이 결혼하지 않는 것이 아니라 다음 경우에만 결혼하지 않아도 좋다고 허락하셨습니다. 즉, 특별한 경우를 제외하면 결혼하라는 것이 성경의 가르침이요 교훈입니다.

(1) 선천성 고자
(2) 사람들이 고의로 만든 고자(사도행전 8장의 에티오피아 내시 등)
(3) 스스로 고자가 된 경우(교부 오리게네스 등)

반출생주의는 성경에 위배되는 행위이므로 기독교에서 받아들이지 않습니다. 사람이 이 땅에서 생육하고 번성하라는 문화 명령, 창조 명령, 청지기적 사명에 위배된다는 것이지요(창세기 1:28). 기독교인이 살아생전에 결혼하고 자식을 낳는 것은 하나님의 명령에 순종한다는 의미가 있습니다. 물론 아이가 생기지 않는 불임부부까지 하나님이 책망하시지는 않는 것 같습니다.

섹스는 하면서 피임으로 자식을 낳지 않는 것을 천주교에서는 허락하지 않습니다. 생명은 하나님이 주신 것이니 어떤 경우로든 피임을 해서는 안 됩니다. 따라서 남미나 필리핀 같은 천주교 국가의 경우 피임을 하지 못해 아이가 생기는 대로 낳아서 가난한 집안에도 자녀가 많습니다.

그런데 개신교는 대개 피임을 장려하지도 반대하지도 않는 중간적 입장을 취하는 것으로 보입니다. 이를테면 태아가 치명적인 육체적·정신적 질병이 있는 경우, 근친상간으로 인한 임신, 산모의 생명이 위험한 경우, 강간으로 인한 임신 등 여러 가지 도덕적이고 윤리적인 이유가 있는데, 이 경우 암묵적으로 허용하는 편입니다.

성경에서 말하는 금욕은 주로 신앙적 유익과 영성의 향상을 위해 일시적으로 허락하는 경우가 많습니다. 이를테면 율법을 받기 전 부부관계 금지(출애굽기 19:15), 엘리아의 40일 금식(열왕기상 19:8), 나실인에게 술을 금함(민수기 6:1~12), 세례요한이 광야에서 메뚜기와 들꿀을 먹음(마태복음 3:4) 등입니다. 심지어 예수님도 금식 후 공생애를 시작합니다(마태복음 4:1~2).

교회사를 보면 예수님의 고난을 본받으려고 금욕하는 사람들이 많았습니다. 4세기 이후에는 수도원이 많이 생겨났으며, 몬타누스주의, 영지주의, 마니교 같은 이단들에게서 극단적 금욕이 보입니다. 한국에서도 다석 유영모라는 기독교인(?)이 하루 한 끼만 먹고 마흔 살에 해혼(일종의 졸혼)을 했다고 합니다.

종교개혁자들은 이신칭의(以信稱義), 즉 믿음으로 의로워지는 것이지 결코 금욕으로 의로워지는 것은 아니라고 말합니다. 우리가 기억해야 할 것은 결혼, 음식, 재산 같은 것은 악한 것이 아니라는 점입니다. 이런 금욕은 일반적인 것도 아니고 영원히 지켜야 할 규칙이 아니라는 것입니다.

하나님은 섹스를 하다가 출산하지 않으려고 질외 사정을 한 오난을 죽이셨습니다(창세기 38:1~10). 예수님도 먹을 것은 먹고 마실 것은 마셨습니다(마태복음 11:19). 이성과 성충동을 절제할 수 없다면 결혼하라고 합니다(고린도전서 7:9). 결혼을 하면 섹스는 특별한 사정, 즉 기도나 질병 등이 없는 한 서로 허락해야 합니다(고린도전서 7:5). 특별한 이유가 없다면 아이는 낳아야 한다는 것이 성경적 가르침입니다.

07

절에 들어와서 예불에 참석하니 심란합니다

Q 마음속으로만 기독교 신앙을 간직한 사람입니다. 제 마음속에 소중하게 담고 있는 종교는 기독교지만 어떤 사정으로 인해 절에 들어와 늦게나마 공부하고 있습니다. 그러다 보니 당연히 예불에 참석하고 있으며, 마음에 걸리고 죄를 짓는 것 같아 불편합니다. 어떻게 하면 좋을까요?

A 무슨 사정이 있어서 절에 들어가 공부를 하는지, 왜 도서관이나 집에서 공부하지 않고 사찰에 들어갔는지 그 이유를 잘 모르겠습니다. 하기야 요즘은 코로나 전염병에 걸릴 위험성이 낮은 절에서 공부한다고도 하더군요. 또 마음으로만 기독교 신앙을 가지고 있다는 것의 의미도 잘 모릅니다.

그런데 형제님이 예수님을 하나님의 아들로 믿고, 예수님의 십자가 은혜로 구원을 받았다는 것을 믿는다면 저는 형제님을 기독교인이라 부를 수 있습니다. 하나님의 자녀로 인정한다는 것입니다. 아버지는 아들이 집을 떠나서 망나니같이 살아도 버리지 않습니다. 하나님도 마찬가지입니다. 내가 하나님을 버리고 떠나도 하나님은 나를 버리시지 않습니다. 다시 회개하고 돌아오기를 기다리고 계신다는 것을 믿는 것이 중요합니다. 그러니 너무 고민하거나 좌절하지 말기를 바랍니다.

몇 가지 조언을 드립니다.

첫째, 절에서 나와야 합니다.

하기는 절에서 나올 수 있는 상황이라면 애당초 상담도 요청하지 않았을 겁니다. 그렇다 해도 가능하면 빠른 시간 안에 절을 떠나는 것이 바람직합니다. 사람은 환경에 크게 영향을 받습니다. 불교의 기본 개념과 기독교의 개념은 다릅니다. 불교는 인본주의에 기초를 두고 있고 기독교는 신본주의라는 의미입니다. 불교는 기본적으로 사람의 능력과 노력으로 신(神)의 자리에 올라가거나 자력으로 구원을 얻습니다. 반대로 기독교는 하나님의 은혜와 예수님의 십자가 공로로 자녀가 되어 구원을 얻고, 그 후 그분의 뜻대로 살아가는 것입니다.

둘째, 예불에 참석하지 않아야 합니다.

예불에 참석하지 않으면 스님이 좋아하지 않으리라 봅니다. 그래도 기독교인이라는 자신의 정체성을 드러내는 것이 중요합니다. 그러면 대략 세 가지 반응이 나올 겁니다. 첫째는 예불에 참석하지 않아도 된다고 스님이 말할 수 있을 겁니다. 불교는 기독교 사상을 어느 정도 수용하니까요. 둘째로 예불에 참석하지 않으려면 절에서 나가라고 할 수 있습니다. 만약 이런 경우라면 그 스님은 불교를 제대로 공부하지 않은 사람이라고 해도 과언이 아닙니다. 아직 수행이 덜 된 깨달음이 부족한 사람이라고 보면 확실합니다. 셋째는 부처님께 절을 하지 않아도 되니 예불에 참석하라고 할 경우입니다. 이때는 마음 편히 지내면 됩니다. 공연히 불안해하거나 미안한 마음을 가지는 것은 좋지 않습니다.

셋째, 예불에 참석하십시오.

놀라지 마십시오. 이것도 저것도 안 되면 예불 의식에 참석하라는 겁니다. 실제로 성경에도 하나님을 믿기로 작정한 나아만이라는 장군이 자신의 주군인 왕과 함께 이방신에게 절하는 장면이 나옵니다. 열왕기하 5장을 읽어보십시오. 5장 19절을 보면 선지자 엘리사가 나아만 장군이 절을 해도 된다는 암시적 표현을 사용하니까요.

따라서 형제님은 예불에 참석해도 됩니다. 그 대신 예불할 동안 십계명이나 주기도문을 암송하거나 사도신경으로 신앙을 고백하는 겁니다. 절을 할 때도 마찬가지입니다. 절하면서도 기도하는 것이지요. 이것이 매우 중요합니다. 하나님은 내 행위를 보는 것이 아니라 마음의 중심을 보십니다. 내가 교회당에서 예배에 참석하고 있어도 세상일이나 다른 생각을 하면 아무 소용이 없는 것과 같은 이치입니다.

기독교를 믿는다면 예수님을 나의 구주로 믿고 있다는 것입니다.

예수님이 내 죄를 대신해 십자가에서 돌아가셨다는 것을 믿어 내 죄가 용서받았다고 고백하면 누구나 구원을 얻습니다. 그러면 하나님의 자녀가 되는 것입니다. 하나님이 주시는 자녀의 복을 누리게 됩니다. 이것이 바로 기독교의 구원입니다.

  흔들리지 말고 믿으십시오. 하지만 교회당에 나가서 예배드리고 신자들과 교제하지 않으면 신앙이 죽어버릴 수도 있으니 절에서 나오면 반드시 교회당에 가셔야 합니다.

08

주식투자를 어떻게 보아야 하나요?

Q 코로나19 사태로 인하여 주가가 곤두박질치다가 개미군단의 적극적 참여로 많이 회복되었습니다. 주가가 폭락할 때 청년부에 있는 지체들도 주식에 투자했다는 이야기를 들었습니다. 저는 주식을 사지 않았지만 성경적으로 주식투자를 어떻게 이해하면 좋을까요?

A 주식(株式)이 무엇인가요? 회사나 공장을 설립하려면 큰돈이 필요한데, 처음부터 그렇게 많은 자본금을 가지고 있는 사람은 별로 없습니다. 그럴 때 주식을 발행해 회사에 투자할 사람을 모집하는 것이지요. 회사는 주식을 팔아 모은 돈으로 경영을 하며, 이익이 생기면 주주(株主, 주식의 주인)와 나누고 손해가 나면 백 원도 돌려받지 못하는 경우가 생깁니다. 심하면 휴지가 되어버릴 수도 있습니다.

주식투자의 정당성과 건강성은 인정할 수 있습니다. 하지만 주식투자는 매우 신중하게 해야 하며, 여유자금으로 해야 한다는 것을 염두에 둬야 합니다. 실제로 투자액을 한 푼도 못 건질 수도 있다는 자세로 투자해야 하지만, 이런 마음가짐을 가진 사람은 아마도 없을 겁니다. 대부분 떼돈을 벌 생각을 하니까요. 주가가 오르면 기뻐하고 떨어지면 한숨을 짓거나 괴로워하며, 주식 때문에 일이 손에 잡히지 않을 때도 많습니다. 성경은 "항상 기뻐하라"(빌립보서 4:4 / 데살로니가전서 5:16)고 했는데 그 반대의 삶을 사는 것이지요.

사견으로는 주식투자를 반대합니다. 그렇지만 국가경제의 발전을 위해 최악의 경우 한 푼도 건지지 못해도 좋으니 여유자금으로 투자를 한다면 반대하지 않습니다. 적지 않은 사람들이 지인에게 돈을 빌리거나 은행에서 무리하게 대출을 받아 주식투자에 뛰어듭니다. 그러고는 실패해 가정이 파탄 나고 인생에서도 실패하는 것은 종종 봅니다.

조금은 냉철하게 주식시장을 바라봅니다. 지금부터 30여 년 전에는 코스피지수가 1,000 정도였습니다. 그런데 지금도 2,600 정도에서 등락을 거듭하고 있습니다. 30년 전에는 대졸 초임이 월 40만 원 정도였고, 최저임금으로 월 10만 원을 받지 못하는 사람도 많았습니다. 현재는 각각 월 400만 원, 170만 원 정도입니다. 주가는 30년 동안 두 배 조금 넘게 올랐지만 월급은 최소 10배가 더 올랐습니다. 이것이 대한민국 주가의 현실입니다.

과연 개미군단이 주식에 투자해서 돈을 벌 수 있을까요? 판단은 각자에게 맡깁니다. 작년에도 가상화폐에 투자했다가 엄청난 손해를 보고 고민하는 사람들을 많이 만났습니다. 하나같이 다시는 하루아침에 부자가 되는 환상에 빠지거나 유혹에 빠지지 않겠다고 다짐하더군요.

성경에는 주식이라는 용어도 펀드라는 개념도 없습니다. 증권회사에 다니는 그리스도인이 분산투자의 개념이 성경에 있다는 말도 하더군요(전도서 11:2). 그냥 농담으로 하는 소리라고 봅니다만, 그분은 진지하게 성경에 주식투자 방법이 나와 있다고 주장했습니다. 웃어야 할지 울어야 할지 고민했던 기억이 납니다. 그런 식이라면 바울이 탄 배가 좌초 위기에 있을 때 식량을 바다에 버리는 구절을 보고 성경에 보험 개념이 있다고 주장하는 것과 유사합니다(사도행전 27:38). 성경은 그런 식으로 내 마음대로 해석하는 것이 아닙니다.

성경에는 일확천금을 얻는 방법도 없고, 실제로 그런 방법으로 떼돈을 번 사람도 없습니다. 다윗이나 솔로몬은 왕이니 제외하고 부자를 찾으라면 창세기에 나오는 아브라함, 이삭, 야곱 정도라고 보면 될 것 같습니다.

아브라함은 부자가 되었지만 경제활동을 열심히 했다는 기록은 없습니다. 심지어 아내인 사라를 바로 왕에게 넘기고도 도리어 엄청난 재산을 얻었습니다(창세기 12:10~20). 하나님의 보이지 않는 도우심과 언약이 자리 잡았던 것이지요(창세기 12:2~3).

이삭도 마찬가지입니다. 이삭은 농사로 백배나 수확을 얻어 부자가 되었고 나중에는 큰 부자가 되었습니다(창세기 26:12~13). 이것은 농사를 열심히 지은 결과가 아니라 단지 하나님이 복을 주셨다고 성경은 기록합니다(창세기 26:12). 하나님의 도우심과 복이 없었다면 백배의 수확은 불가능했다는 것이지요. 야곱도 마찬가지입니다. 하나님이 함께하시므로 복을 받아 부자가 되었습니다(창세기 28:2~4). 하나님이 이삭, 야곱과 함께하신 이유는 하나님이 아브라함과 맺은 언약을 신실히 준행하신 결과입니다(창세기 12:2~3).

일확천금이나 요행을 바라는 것은 신자들의 행위가 아닙니다. 돈이나 재물은 살아가는 동안 반드시 필요한 것이지만 성경적 세계관은 돈을 사랑하고 숭배하는 행위는 결단코 찬성하지 않습니다. 심지어 거부였던 아브라함과 이삭, 야곱도 겨우 죽어서 누울 땅을 소유했고, 천막에 거주하며 천국을 소망하며 살았으니까요(히브리서 11:9~10).

투자의 원칙에는 안정성, 건강성, 윤리성, 합법성 등이 있습니다. 이것에 어긋나면 투기가 될 수 있다는 것을 기억해야 합니다. 투자와 투기는 이익을 추구한다는 점에서는 같지만 방법 면에서는 다릅니다. 투자는 생산활동을 통한 이익을 추구하지만 투기는 생산활동과 관계없는 이익을 추구합니다. 투기는 단순히 가격이 오르내리면서 나오는 이득을 챙기는 것이 목적이니까요.

이런 것에 부합하다고 판단하면 여유자금으로 장기간에 걸쳐 주식투자를 하는 것을 나무라지는 않습니다. 단기간에 돈을 벌려는 욕심으로 수시로 주가 현황을 확인하며 웃고 한탄하는 것은 그리스도인이 할 일이 아닙니다. 성경은 열심히 일하고 노력하라고 합니다. 그리고 말씀과 계율을 지키면 하나님이 복을 주신다고, 본인뿐만 아니라 자손만대까지 복을 주신다고 합니다(신명기 28:1~14).

우리 모두는 청지기입니다. 우리가 가진 돈은 자기 소유가 아닙니다. 모두 하나님의 것으로 우리에게 맡겨놓은 것일 뿐입니다. 청지기로서 그 돈을 단순히 비밀창고에 넣어두거나 장판 속에 놓아두어도 곤란합니다. 최소한 은행에 예금해 이자 정도는 받아야 할 것입니다(누가복음 19:23). 요즘은 은행 금리가 1%에 이르러 이자가 없다고 해도 과언이 아니지만, 그래도 은행에 저금하면 두 발 쭉 뻗고 잠잘 수 있습니다.

주일에 조상님 산소로 벌초하러 갈 수 있나요?

Q 주일에 조상님 산소로 벌초하러 가도 될까요? 벌초일이 주일인데, 저는 주일학교 교사를 맡고 있습니다. 주일날 교회 예배와 행사가 끝난 뒤 벌초를 하는 것은 괜찮은지요? 친척에게 부탁하는 것은 어떨까요?

A 추석 명절이 열흘도 남지 않았습니다. 조상 묘에 벌초를 하러 가는 것이 한국인의 관습이나 풍습이 된 지 오래되었습니다. 주말이면 공동묘지나 공원에 벌초, 성묘를 가는 차량 때문에 도로가 정체되곤 합니다. 어찌 보면 참 아름다운 풍습입니다. 저는 산소에 모셨던 부모님을 30~40년 뒤 화장(火葬)해서 자연으로 돌려보내드렸습니다. '사람'을 뜻하는 히브리어 '아담'은 '재'나 '흙'이라는 뜻도 있기 때문입니다. 하지만 섭섭한 마음은 들지 않습니다. 그분들의 사진이 책상 앞에 걸려 있으니까요.

주일날 벌초 여부에 대해 다섯 가지 경우로 생각해봅니다.

첫째, 교회에 가지 않고 벌초하러 가는 경우입니다.

주일에 교회를 가지 않고 벌초하러 가는 것은 바람직하지 않습니다. 우리는 구약시대의 안식일을 율법적으로 지키지 않습니다. 주일을 지키니까요. 그럼에도 주일에 교회를 가는 대신 벌초하는 것은 가급적 피해야 합니다.

둘째, 예배 후 벌초하러 가는 경우입니다.

조상 묘가 많으면 벌초하는 데 시간이 많이 걸립니다. 예배 후에 가면 시간이 부족해서 쉽지 않거나 이미 벌초가 끝나 있을 것입니다. 1부 예배가 있다면 고려하는 것도 괜찮으리라 봅니다. 예배 시간만 피한다면 가능하지요. 그런 문제 때문에 마음에 고통을 받거나 불신자들에게 나쁜 인상을 주지는 않기를 바랍니다.

셋째, 주일 외의 다른 날에 벌초를 하는 경우입니다.

주일을 제외한 다른 날, 이를테면 토요일에 벌초를 하는 겁니다. 요즘은 토요일에 쉬는 직장이 많으니 고려해볼 만합니다.

넷째, 벌초에 참석하지 않고 수고비를 보내는 경우입니다.

주일날 벌초를 가지 못할 상황이라면 양해를 구하고 돈을 보내는 것도 한 방법입니다. 그래야 전도할 수 있는 기회도 생기고 욕도 먹지 않습니다. 대개 교회 때문에 벌초하러 못 간다고 하면서 돈도 보내지 않아 불신자 친척에게 손가락질을 당하거나 욕을 먹습니다. 기독교는 '불효 종교'라고 말이지요. 결국은 하나님이 욕을 먹게 되는 겁니다.

교통비와 시간을 고려하면 20만 원은 족히 들 겁니다. 벌초하는 친척에게 20만 원 정도를 보내면 흐뭇하게 벌초할 겁니다. 또는 20만 원 상당의 선물을 보내면 도리어 벌초에 참석하지 않고 부탁하기를 은근히 바랄 수도 있습니다.(웃음)

다섯째, 벌초 대행 서비스를 이용하는 경우입니다.

비용이 상당히 소요되는데 친척들도 좋아하지는 않을 것입니다. 벌초할 묘가 어느 정도 되는지 모르지만 전부 대행 서비스에 맡기면 어떨까요? 몇 년에 한 번쯤은 서비스를 이용할 수도 있지 않을까 생각합니다.

사실 더 중요한 문제는 벌초 후 산소에 절을 할 때 생길 수 있습니다. 제사 문제가 등장하는 것이지요. 『목사님 궁금합니다』 1권 154쪽, "기독교인은 제사를 지내면 안 되나요" 문항을 참조하길 바랍니다.

⑩

주일학교 교사가 아이를 심하게 때렸어요

Q 주일학교 교사가 초등학생 아이를 폭행했습니다. 주먹으로 맞아서 쓰러지고 피멍까지 들었습니다. 그런데 가해 교사는 사과도 없고, 교회에서는 이런 상황을 알면서도 별다른 반응을 보이지 않고 있습니다. 심지어 이런 일은 사탄의 계교라고, 부모의 믿음이 부족하다며 교사를 사랑으로 감싸라고 말합니다. 어떻게 해야 하나요?

A 도저히 있을 수 없는 사건이 벌어졌군요. 어떻게 사랑과 인내와 기다림으로 가르치고 교육하는 주일학교 교사가 학생을 폭행할 수 있나요? 세상에서도 용납하지 못하는 일이 교회 안에서 발생했다는 데 충격을 받았습니다. 비록 세상에서는 혹시 일어날 수 있지만 어떻게 예수님을 주님으로 모시는 사람들이 그럴 수 있는지 이해하기 어렵습니다.

어떤 목적이나 이유로도 폭력은 정당화할 수 없습니다. 예수님이나 제자들이 폭력을 구사했다는 성경 구절이 있나요? 없습니다. 베드로가 칼로 대제사장의 종 말고의 귀를 잘랐던 것이 고작입니다(요한복음 18:10). 하지만 예수님은 말고를 곧 회복시켜주셨습니다. 예수님은 비폭력으로 불의에 저항했습니다.

제가 아는 주일학교 교사들은 모두 아이들을 위해 눈물로 기도하며 사비를 들여서 먹을 것도 자주 사주고 함께 놀러가기도 합니다. 하나님의 사람으로 만들려고 자신을 희생하는 귀한 봉사를 하는 분들입니다. 심지어는 성인 예배에 참석하지 못할 때도 있지만 후회하지 않는 훌륭한 분들입니다. 그런데 이런 사건이 발생하니 더욱 마음이 아픕니다. 설사 주일학교 학생이 어떤 잘못된 언사와 행동을 했더라도 교사는 아이에게 손을 대지 말았어야 합니다. 물론 언어폭력도 없어야 하지요.

교사에게 상처받은 학생은 평생 그 교사를 원망하여 살아갈 수도 있습니다. 마음에 상처를 준 교사들의 얼굴을 저는 지금도 기억합니다. 제 친구 하나는 고등학교를 졸업한 지 40년이 훨씬 지났지만 아직도 아무 잘못 없는 자신을 심하게 때리며 모멸감을 주었던 담임교사 이야기를 하며 울분을 참지 못합니다. 그 친구는 울면서 이렇게 말했습니다.

"담임이 내 앞에 있으면 죽이고 싶다!"

이와는 달리 소심하고 키가 작은 어떤 아이를 칭찬하고 기를 세워주었던 초등학교 교사가 있었습니다.

"너는 앞으로 장군이 될 소질이 있다."

아이는 선생님의 이 한마디에 고무되어 자신감을 찾았고, 각고의 노력 끝에 사관학교에 입학해 결국 장군이 되었습니다. 그는 지금도 매년 명절 때마다 그 담임선생을 찾아가 인사를 드린다고 합니다.

K목사님은 주일학교 교사들에게 학기 초에 꼭 어떤 이야기를 들려주며 교회 교사의 교육과 사명을 강조했습니다. K목사님이 초등학교 때 주일학교 교사 중에 사회적으로 훌륭한 분이 있었다고 합니다. 그 교사는 늘 아이들에게 희망과 용기를 주었으며, 그래서인지 주일학교를 졸업한 아이들 가운데 교수, 목사, 장군, 예술가 등 다양한 활동을 하는 사람들이 나왔다고 합니다.

저도 그 이야기를 듣고 몹시 감동을 받아 아이들에게 용기와 희망을 불어넣어주었던 기억이 납니다. 아이들의 영혼과 미래를 위해 기도했고, 개인적으로 불러서 축복기도도 하고 상담도 해주었습니다. 아이들에게 주려고 먹을 것도 준비했고요.

오늘 아침, 이제는 모두 30대 중반이 되었을 아이들의 얼굴이 문득 떠올랐습니다. 무척 보고 싶습니다.

사죄에는 반드시 진심 어린 용서를 구하는 언행과 그에 따른 배상이 따라야 합니다. 세상에서도 사과와 보상을 잘 알고 시행하는데, 이상하게도 교회에서는 사랑이라는 미명 아래 이런 악행이 묵인되고 있습니다. 성경을 보면 상대방에게 잘못을 했으면 속건제라고 하여 하나님께 제사를 드리고 피해자에게 배상하도록 했습니다(레위기 6:1~6). 이런 성경적 사실을 모르고 사탄, 마귀를 들먹거리는 바람에 피해자가 상처를 받아 교회를 떠나기도 하고 세상 사람들에게는 욕을 먹습니다.

15년 전쯤 교계를 충격에 몰아넣었던 이창동 감독, 전도연 주연의 〈밀양〉이라는 영화를 기억하는 분들이 많을 겁니다. 가해자는 피해자에게 결코 용서를 구하지도 사죄하지도 않습니다. 하나님께 용서를 받았으면 그만이라는 것이지요. "제가 잘못했습니다. 제가 죄인입니다. 제가 직접 찾아뵙고 사죄를 해야 하지만 이렇게 먼저 무릎을 꿇고 용서를 빕니다" 하고 말했어야 합니다. 그러면 피해자는 가해자를 용서하고 받아들였을 겁니다.

또 다른 문제는 폭행조차도 사탄, 마귀를 운운하면 사탄이 억울해하지(?) 않을까요? 자발적이든 우발적이든 자신이 행한 모든 죄의 원인을 다른 사람(사탄, 귀신 포함)에게 전가하고 싶은 것이 인간 심리라는 것을 모르지는 않습니다. 만약 사탄이 죄악의 원인이라면 범인은 처벌할 수 없고 사탄을 처벌해야 한다는 모순에 빠집니다. 이런 식으로 생각하면 사람은 자신의 잘못을 뉘우치지 않고 사탄에게 잘못을 떠넘겨버립니다. 내 잘못은 없고 사탄에게 모든 잘못을 뒤집어씌우는 잘못을 범하게 되는 것이지요.

주로 귀신론을 신봉하는 교회에서 이런 짓을 합니다. 그러니 그 교회의 신자는 성화 과정을 살지 못하고 세상 사람과 같은 마음자세로 살아가는 한심하고 어리석은 교인이 되고 맙니다. 조속히 시정하고 회개해야 합니다.

아이를 때린 교사는 그 아이에게 용서를 구해야 합니다. 하지만 진심 어린 사과가 아니라면 별로 의미가 없습니다. 아이에게 잘못했다고 사과하고 꼭 안아주어야 합니다. 그리고 관심과 사랑을 자주 표현하고 좋은 관계로 회복해야 합니다. 진정한 사과와 사죄는 힘이 있는 사람이 힘없는 사람에게 먼저 해야 합니다. 따라서 교사가 학생에게 하는 것이 올바른 순서입니다. 물론 학생의 부모님에게도 사과를 해야 하고요.

한편, 교회는 그 교사에게 권징을 해야 합니다. 어떤 견책을 주거나 성찬식에 일정 기간 참석하지 못하게 하는 방법도 고려할 수 있습니다. 비록 하나님은 그 교사를 용서하셨을지 몰라도 사람은 그렇지 않습니다. 용서란 쉽게 이루어지지 않습니다. 한두 번의 형식적인 사과로 끝내는 것은 별로 바람직하지 않습니다.

11

찬송과 기도가 없는 결혼 예식이 가능한가요?

Q 예비 며느릿감을 제외하고는 사돈댁이 모두 불신자입니다. 담임목사님이 주례를 하는 것은 서로 합의했는데, 사돈댁이 한 가지 조건을 달았습니다. 축하객 중 불신자도 있으니 결혼 예식 중에 찬송과 기도는 하지 말자는 것입니다. 이로 인해 결혼하기 전부터 난감한 처지에 놓여 있습니다.

A 축하합니다. 요즘 시대에는 결혼하지 않고 혼자 사는 세대가 증가하고 있습니다. 하나님이 원하는 방식대로 살지 않는다는 의미입니다. 이럴 때 아드님이 결혼을 한다니 경사입니다. 하나님 나라를 이루는 것 중 하나라는 뜻이지요.

예부터 결혼은 인륜지대사로 여길 만큼 큰일로 여겨왔습니다. 여러 가지 준비로 마음이 바쁠 줄 압니다. 기쁠 때가 있으면 힘들고 괴로울 때도 있는 게 세상살이입니다. 현재 닥친 문제가 매우 난감하고 어렵다는 것을 압니다.

이 문제를 풀 힌트가 있습니다. '결혼 예식'이라고 잘 표현했다는 겁니다. '결혼 예배'가 아니라 말이지요. 하나님만이 찬양과 영광을 받으시는 예배가 아니라 사람들의 칭찬과 축하를 받는 예식이라는 것입니다. 결론을 먼저 말씀드리자면, 기도와 찬양이 빠져도 무관하다고 봅니다. 제 생각에는 주례를 맡은 담임목사님이 도리어 문제를 제기할 것 같습니다. 근본주의적 신학을 하는 목사님은 결혼 예식이 아니라 결혼 예배로 오해할 수도 있으니까요. 그런 목사님에게는 예배(?)에 찬송과 기도가 없는 것이 죽기보다 더 어려운 일이 될 수도 있을 겁니다. 도리어 그 목사님을 설득하는 것이 더 관건이 되지 않을까 하는 쓸데없는 염려를 합니다.

한국에서 결혼을 할 때는 상대방의 가문, 가풍, 전통, 종교도 무시하지 못합니다. 어쩌면 부모가 대신하는 결혼이 될 수도 있습니다. 그러나 본질적으로 결혼의 주체는 신랑과 신부입니다. 부모나 친척 등 다른 사람의 개입을 최소화하는 것이 성경적입니다. 결혼을 하는 당사자는 신랑과 신부입니다. 성경에서도 남자가 부모를 떠나 그 아내와 연합하여 한 몸을 이룬다고 했습니다(창세기 2:24).

결혼이란 정신적·육체적·경제적으로 부모와 결별하는 것입니다. 간섭하고 참견하는 것은 비성경적입니다. 사랑스런 눈으로 옆에서 지켜봐주어야 합니다.

이번 일로 인하여 신랑과 신부, 특히 신부의 마음이 매우 힘들 겁니다. 가뜩이나 혼자 신앙생활을 하느라 친정에서 핍박을 받았을지도 모르는데 말입니다. 처가댁에서도 술, 담배도 하지 않는 사윗감, 어쩌면 장인과 술도 한잔 나누지 않는 꽁생원 사윗감을 별로 좋아하지 않을 수도 있습니다. 그렇다면 예비 며느리를 사랑하는 마음에서 양보하십시오. 며느리와 친하게, 아니 살갑게 지내는 것이 얼마나 어려운 일인지 차차 알게 될 겁니다. 요즘은 '시' 자만 들어도 경기를 일으킨다는 말도 하는 이상한 세상이 되었습니다.

사돈댁에게 양보하는 것이 덕이 되고 하나님께 영광이 됩니다. 그러잖아도 예수쟁이들은 양보할 줄 모르고 앞뒤가 꽉 막힌 사람들이라는 말을 많이 듣습니다. 이럴 때 대범하게 양보한다고 해서 패배하는 것은 아닙니다. 지금까지 팽팽하다가 양보하면 사돈 입장에서 볼 때 참 마음 넓고 양보심이 있다고 느낄 겁니다. 까짓것 길어봤자 40분 걸리는 결혼식은 지나가면 별것 아닙니다. 그 짧은 시간 동안 미래에 먹구름이 끼게 하는 어리석음을 범하지 말기를 바랍니다.

장차 며느리가 될 사람의 마음을 잘 어루만져주십시오. 지금 몹시 힘든 처지에 놓여 있을 겁니다. 그리스도인 예비 며느리도 그것을 양보하는 일이 얼마나 어려운지 잘 알고 있을 겁니다. 이럴 때 시부모가 대범하게 이해해주면 며느리 입장에서는 얼마나 감사할까요?

정통 예배에는 반드시 설교, 성찬식, 예물 봉헌, 사도신경, 주기도문, 찬양과 기도가 있어야 합니다. 그러나 성찬식, 예물 봉헌, 사도신경, 주기도문이 없는 결혼 예식은 예배가 아닙니다. 게다가 불신자가 함께하는 예배는 진정한 예배가 될 수 없습니다. 무엇보다 중요한 것은 신랑과 신부가 주인공이지 하나님이 주인공은 아니라는 겁니다. 단지 결혼 예식에 불과하다는 것을 기억해야 합니다. 따라서 결혼 예식에 찬송가와 기도가 없다고 해도 아무 문제가 되지 않습니다. 어차피 결혼 예배가 아니니까요. 아울러 생일 예배, 개업축하 예배, 졸업축하 예배, 목사임직 예배, 장례 예배 등도 모두 예배가 아닙니다. 단지 예식일 뿐이지요.

근본주의적 사고방식을 지닌 분들에게 할 수 없이 차선책을 말씀드립니다. 요즘은 신랑신부를 위한 축가가 반드시 들어가니 축가를 부르는 사람이 대표로 찬송가나 찬양을 하면 되지 않을까요? 어떤 복음성가나 CCM에는 결혼식을 축하하는 아름다운 가사가 담겨 있으니까요. 또한 기도는 반드시 눈을 감고 해야 한다는 것은 잘못일 수도 있습니다. 예수님도 눈을 뜨고 기도하셨습니다. 그러니 주례사에 기도문을 슬며시 넣어서 설교하면 되지 않을까요?

세상 사람들도 결혼식에서 아들이나 딸에게 주는 기도문을 작성해 낭독하는 경우가 적지 않습니다. 그런 방법을 취하는 것도 좋지 않을까요? 신랑과 신부의 가정에서 각자 낭독하는 겁니다. 신부 측에서 사위를 위한 기도문을, 신랑 측에서 며느리를 위한 기도문을 작성해 읽어주는 겁니다. 다만 우리 그리스도인은 맨 나중에 "예수님의 이름으로 기도합니다. 아멘"이라고 하면 됩니다. 눈을 뜨고 기도해도 하나님은 다 들으시니까요.

사실 결혼식을 마치고 사돈댁을 다시 만나는 일은 흔치 않습니다. 손주 돌이나 장례식 같은 애경사 외에는 얼굴을 마주하기가 어렵지요. 결혼 예식을 통해 그리스도인이 얼마나 대범하고 자유로운 사람들인지 보여줄 수 있기를 바랍니다. 그렇게 믿는 예수라면 나도 한번 믿어보고 싶다는 이야기를 들어야 하지 않을까요?

시작이 중요합니다. 율법적인 신앙에서 벗어나기를 바랍니다. 복음은 자유입니다. 복음을 방종으로 타락시키지만 않으면 됩니다. 아무쪼록 좋은 결과가 있기를 소망합니다.

12

희귀병에 걸린 것이 저주인가요?

Q 최근 변이형 협심증이라는 희귀병을 얻게 된 대학생입니다. 부모님이 제게 정신병이 아니냐고 해서 혼자 병원을 돌아다니며 간신히 병명도 알아냈습니다. 곧 전신마취 수술을 해야 할지도 모릅니다. 두렵고 무섭습니다. 왜 갑자기 저한테 이런 시련이 닥친 것인지 아직도 받아들이기가 너무 힘듭니다. 스트레스를 많이 받고 운동도 하지 않으면서 많이 먹어 비만이 된 것은 사실이지만, 갑자기 왜 저한테만 이런 어마어마한 시련이 닥쳤을까요? 저희 집은 모두 기독교를 믿는데 저만 교회를 나가지 않아서 그럴까요?

A 얼마나 힘들고 어려우신가요? 현 상황을 받아들이기가 매우 어려웠을 것입니다. 부모님도 자매님의 질병을 알지 못해 일종의 정신병으로 취급했으니 몹시 답답하고 외로웠을 것입니다. 그럼에도 자매님이 수고해서 변이형 협심증이라는 병명을 알게 되었다니 참 잘하셨습니다. 수고하셨습니다.

왜 자매님이 그런 희귀병을 얻었는지는 아무도 모릅니다. 하나님은 어떤 사람은 고난이나 환난을 피하게 하시고, 어떤 사람은 아픔과 고통을 약간 겪게도 하시며, 또 어떤 사람은 와장창 당해서 꼼짝 못하게도 하십니다. 하지만 가장 무서운 경우는 하나님이 아무 조치나 행동을 취하지 않으실 때입니다(로마서 1:24~28). 고난을 당하든 잘 먹고 잘 살든 아무런 신경을 쓰지 않는 경우입니다. 이 경우 하나님이 유기했다고, 버렸다고 볼 수 있습니다. 주로 악인들이 이에 해당합니다.

그러나 하나님은 당신이 선택한 사람은 내버려두지 않고 반드시 눈동자처럼 보호하고 관리하십니다. 아무렇게나 살도록 내버려두지 않으십니다. 부모님이 자기 배 아파서 낳은 자식은 자기 생명처럼 사랑하고 아끼지만 지나가는 남의 자식한테는 신경 쓰지 않는 것과 비슷한 이치입니다.

고난이나 환난을 영적으로 보면 이렇습니다. 하나님이 어떤 사람을 사랑하는데 그가 죄악 가운데서 방황하거나 타락하면 그를 교회로 부르기 위해 어떤 질병이나 사고를 당하게 하실 수도 있습니다. 자매님의 경우 그래서 하나님이 일종의 훈련으로 그런 질병을 주셨을 수도 있다고 봅니다(히브리서 12:5). 때로는 하나님께 영광을 돌리기 위하여 질병을 주시는 경우도 있습니다(요한복음 11:4). 그 밖에는 자매님이 짐작하는 대로 불규칙한 식생활, 운동부족, 스트레스가 그런 심혈관 질병을 가져올 수도 있습니다.

저도 만성질환이 열 가지가 넘습니다. 거의 고칠 수 없는 지병과 만

성질환을 가지고 있습니다. 그렇다면 하나님은 왜 저에게 이렇게 많은 질병을 허락하셨을까요? 많은 사람이 허리 디스크 수술을 말렸지만 저는 "고치시는 이도 하나님이요 병을 주시는 이도 하나님"이라는 믿음으로 수술대에 올랐습니다. 물론 전신마취를 하고 수술했고 퇴원 후 재활에 힘쓰고 있습니다.

그런데 어느 정도 호전되어 지낼 만하니 갑자기 새로운 질병이 생겼습니다. 고관절에 이상이 생겨 걷기가 힘들어졌습니다. 100미터만 걸어도 아파서 쉬어야 할 정도입니다. 하나님이 저에게 왜 이렇게 많은 질병을 주셨을까요? 좀 더 건강하면 주님의 일을 더 많이, 더 활력 있게 할 수 있을 텐데 왜 하나님의 일만 하는 목사에게 병이 생기게 하시고 치유해주시지 않을까요?

자매님에게 권면합니다. 모든 것을 하나님께 맡기고 수술대에 오르길 바랍니다. 가능하다면 하나님을 잠시 떠나 세상에서 방황하며 살고 죄악을 범한 것에 대해 회개기도를 하십시오. 하나님께 다시 돌아오기를 바랍니다. 그러면 하나님이 모든 것을 용서해주실 것입니다. 예수님을 영접하지 않았다면 예수님을 구세주로 고백해 받아들이고 올바르게 신앙생활을 시작하길 바랍니다. 가까운 교회에 가서 목사님께 말씀드리고 도고기도를 요청하십시오. 또한 지금부터 식사량을 줄여 체중을 감량하고 운동도 하길 바랍니다. 힘든 운동이 싫다면 걷기라도 많이 해서 몸을 건강하게 만들어야 합니다.

자매님에게 그런 질병이 생긴 것은 하나님이 사랑하신다는 증거입니다. 절대로 저주가 아닙니다. 하나님은 자매님을 누구보다 더 사랑하신다는 것을 믿으십시오. 하나님께 의지하고 불쌍히 여겨달라고 기도하십시오. 우리와 함께하신다고 약속하신 예수님은 세상 끝날까지 자매님과 항상 함께하십니다(마태복음 28:20).

Chapter 04

성경 상담

01

666의 정체와 경제적인 매매를 알고 싶어요

Q 666을 생체칩(베리칩)이라 하고, 코로나 백신을 맞으면 노예가 된다고 합니다. 666이 무엇인지 알고 싶습니다. 또 "작은 자나 큰 자나 이마와 손에 표를 받는다"는 내용과 "이것이 없으면 매매를 하지 않는다"는 말은 어떻게 해석해야 할까요? 매우 혼란스럽고 겁이 나며, 두려워서 잠이 잘 오지 않습니다.

A 얼마나 두렵고 무서우면 잠도 못 잘까요? 이해합니다. 코로나 백신을 맞자니 음모론자의 노예가 될 것이 두렵고, 백신을 맞지 않자니 실생활에서 살아가기가 힘들 것입니다. 우선 요한계시록은 우리 그리스도인에게 용기와 소망을 주기 위해 기록한 책이라는 것을 이해해야 합니다. 불신자와 이단 사이비와 사탄은 불못으로 던져지고, 교회와 신자는 새 하늘과 새 땅에 들어간다는 것이 주제입니다. 계시록을 무조건 무섭고 두려운 책으로 알거나 피하는 것은 잘못입니다. 고난을 참고 인내하는 신자에게 소망과 용기를 주는 책이

바로 요한계시록이기 때문입니다.

서론이 길었습니다. 666과 매매표에 대한 질문을 했는데, 요한계시록 13장 16~18절에 이에 대한 내용이 나옵니다(우리말성경).

> 16. 그는 또한 작은 사람이나 큰 사람이나 부유한 사람이나 가난한 사람이나 자유인이나 종이나 모든 사람에게 그들의 오른손이나 그들의 이마에 표를 받게 해 17. 그 표, 곧 짐승의 이름이나 그 이름의 숫자를 갖지 않은 사람은 누구든지 물건을 사거나 팔 수 없게 만들었습니다. 18. 여기에 지혜가 요구됩니다. 지각 있는 사람은 그 짐승의 숫자를 세어보십시오. 그것은 사람의 수이며 그 숫자는 666입니다.

첫 번째 질문의 666은 두 짐승과 연관이 있습니다. 두 짐승은 거짓 선지자들로서 엄청난 이적과 기적을 행할 것입니다. 불치병도 고치고 심지어 죽은 사람과 짐승도 살려내는 기적을 행할 것입니다. 따라서 기적과 이적을 좋아하는 은사주의자는 악의 세력인 두 짐승에게 속아 넘어가기 쉽습니다.

요한계시록을 기록할 당시에는 666을 네로 왕으로 믿는 사람들이 대부분이었습니다. 저도 이에 동의합니다. 중요한 것은 '오늘날 666의 정체는 누구인가?'라는 질문입니다. 지난 2천 년간 666의 주인공으로 나폴레옹, 히틀러, 로마가톨릭 교황, 헨리 키신저, 김일성, 김정일 등 수많은 인물이 등장했습니다. 그러나 모두 다 거짓이거나 오판이었습니다.

20년 전에는 유럽연합(EU)이 탄생하면 666인 가톨릭 교황이 집권해 세계 경제를 호령하고 좌지우지한다고 주장한 목회자들이 많았습니다. 그러나 가톨릭 교황이 집권해 세계 경제를 쥐락펴락하는 일은 벌어지지 않았습니다. 심지어 유럽연합도 영국의 탈퇴로 깨졌습니다. 그런데도 아직까지 로마가톨릭 교황이 666인 적그리스도가 될 것이라고 예언하는 사람들이 있는데, 저는 동의하기 어렵습니다.

그런가 하면 최근에는 모 선교단체 대표인 최ㅇㅇ씨가 666이 베리칩(Verichip: Verification chips)이나 생체칩이라고 주장해 물의를 빚었습니다. 그는 또 코로나 백신을 맞으면 어떤 단일 세력의 노예가 된다고 음모론 강연까지 했습니다. 그 당시 이 단체에서 실시한 교육에 참석한 신자들이 코로나 감염 검사를 거부하는 일도 있었습니다.

666 하면 또 생각나는 이단이 있습니다. 솔로몬이 이방 국가에서 거두어들인 세입금이 666달란트라고 하는 것과(열왕기상 10:14), 솔로몬이 이방신을 섬겨서 이스라엘을 망하게 했다는(열왕기상 11장) 것을 보고 짐승 같은 짓을 했다고 일단 해석합니다. 그 뒤 요한계시록 13장의 두 짐승을 잠언 30장 2절 "나는 다른 사람에게 비하면 짐승이라 내게는 사람의 총명이 있지 아니하니라"에 대입하고 이를 짜깁기해 솔로몬을 '우상을 섬기게 한 거짓 선지자'로 이끌어갑니다. 그러고는 진리를 가르치지 않고 거짓 복음을 가르친 오늘날의 거짓 선지자들이 바로 기성 교회 목사들이라고 주장합니다.

그들의 주장에 따르면, 666은 솔로몬 666달란트 세금 → 솔로몬 우상 섬김 → 짐승 같은 짓 → 두 짐승 → 거짓 목사들이 됩니다. 말도 안 되는 짝짓기 성경 풀이로 666달란트가 거짓 목사들로 둔갑하는 것입니다. "원숭이 엉덩이는 빨개, 빨가면 사과, 사과는 맛있어"로 나가다가 결국 비행기가 되고 백두산이 되는 것과 비슷합니다. 어떻게 원숭이 엉덩이가 비행기가 되고 백두산이 되겠습니까? 이런 짝짓기 성경 풀이(이사야 34장 16절을 잘못 해석)에 넘어가지 말기를 바랍니다. 짝풀이는 없다는 것만 기억하십시오.

666같이 악한 세력은 잠시 동안 세력을 얻겠지만 결국 영원히 꺼지지 않는 불못으로 던져질 것입니다. 따라서 666 같은 데 호기심이나 관심을 가지는 것은 신앙에 매우 좋지 않습니다. 어떤 신자는 불안감과 공포감으로 인해 정상적인 신앙생활과 사회생활을 하지 못하고, 그러다 보니 학업과 직장 생활 및 생업을 중단하고 교회나 어떤 조직에 충성을 바치는 것을 봅니다. 우리는 미래(언제인지는 모릅니다만)에 있을 어떤 대환난을 각오하고 올바른 신앙을 가지고 평소와 다름없이 기도하고 말씀 읽고 가정생활과 교회 생활과 사회 활동을 하면 됩니다.

결론적으로 어떤 사람들이 666을 베리칩, 생체칩이라 하거나 아니면 특정 인물을 지명하면 모두 가짜나 짝퉁, 심지어 정통을 가장한 이단 사이비라고 봐도 좋습니다. 어떤 나쁜 목적으로 이를 사용하려는 의도가 숨어 있는 경우가 많으니까요. 666은 어떤 악한 세력이고, 결국 멸망한다는 정도로 해석하면 좋을 것 같습니다.

두 번째 질문은 '어떤 표와 매매'에 대한 것입니다.
666이 짐승의 표는 아니지만 666이 사용하는 방법이나 결과를 보면 짐승의 표라고 해석해도 큰 무리가 없을 것 같습니다. 크게 두 가지로 해석이 가능한데, 어느 것을 선택해도 괜찮습니다.

첫째, 상징적 해석입니다.
거짓 선지자를 상징하는 사탄(짐승)을 추종하는 사람들을 구원하기 위해 사탄은 어떤 표를 줄 것입니다. 따라서 오른손이나 이마에 표를 받는 것은 악의 세력인 사탄에 충성하고 사탄을 경배한다는 것을 의미합니다. 반대로 그 표 받기를 거부하는 사람은 하나님께 충성하고 헌신하는 것이고요.
그러므로 단순히 어떤 표를 받는다고 해석하기보다는 사탄에게 순종하고 지배당한 사람의 행동이라고 상징적으로 말하는 것입니다. 한때 666표가 신용카드나 바코드라고 주장한 사람들이 있었지만 지금은 사라졌습니다.

둘째, 문자적 해석입니다.
매매를 못한다는 것은 사회적·경제적으로 어떤 곤란과 핍박이 있다는 것을 의미합니다. 그 짐승(사탄)의 표를 받지 않은 그리스도인은 경제적 파탄을 겪고 홈리스나 기아 상태에 들어갈 것입니다. 반면 그 표를 받은 사람은 짧은 기간 동안 경제적 혜택과 이익을 보겠지만 하나님의 진노의 잔을 마시게 됩니다(요한계시록 14:9~12, 20:7~15). 그러므로 미래에 있을 대환난에는 예수 그리스도를 신실하게 믿는다는 이유로 모진 경제적 핍박과 제재를 당하게 된다고 해석하는 것입니다.

종말과 관련해 신자들이 경험하는 대환난이나 핍박에 대해서 반드시 짚고 넘어가야 할 것이 있습니다. 예루살렘이 회복되고 중동 지방에 복음이 전해지면서 예수님이 재림한다고 주장하는 단체가 늘어나고 있습니다. 코로나19가 유행하는 현 시대를 일종의 대환난 시대라고 평가하는 것입니다. 이는 한마디로 신학적인 무지요 무식한 생각이라고 보면 정확합니다. 모 선교단체에서 선교 목표를 2030년으로 정한 것을 뭐라고 할 수는 없지만 자칫 재림 시기로 오해할 수 있으니 사용하지 않아야 합니다.

예수님이 재림하실 그날과 그때는 아무도 모릅니다(마태복음 24:36). 재림할 장소도 어딘지 모릅니다. 지금보다도 더 심한 기근, 홍수, 쓰나미, 지진 같은 자연적 피해뿐 아니라 국가 간에 전쟁이 일어나고 심지어 하늘의 해가 빛을 잃고 별이 떨어지는 날이 올 때 예수님은 재림하실 것입니다(마태복음 24장).

그렇다고 666이 두려워 휴거가 되기를 소망해서는 곤란합니다. 휴거가 되어 고난을 피해 천국으로 직행하고 영화 〈레프트 비하인드(Left behind, 남겨진 사람들)〉에서처럼 세계 도처에서 기독교인이나 아기의 실종 사건이 발생하는 것도 아닙니다.

  만에 하나 휴거가 된다고 해도 예수님과 함께 다시 지상으로 내려올 것입니다. 지상으로 내려오지 않고 공중에서 사라져버린다고 하면 이단으로 봐도 무방합니다. 예수님이 재림하신 뒤 예루살렘에 다윗의 장막이 회복되어 제3성전이 건축되고 다시 제사가 시작되는 것도 아닙니다. 이는 모두 세대주의에서 주장하는 왜곡된 종말론에서 나온 것으로 매우 큰 잘못입니다.

02

항상 거짓말을 하지 않아야 하나요?

Q "네 이웃에 대하여 거짓 증거하지 말라"(출애굽기 20:16)는 말씀이 있습니다. 그리스도인은 항상 거짓말을 하지 않아야 하나요?

A "거짓말을 하지 말라"는 내용이 십계명 중 제9계명에 나옵니다. 거짓말을 하지 말라는 이야기는 가정에서 학교에서 귀가 아프게 듣고 자랐습니다. 이를 듣지 않고 성장한 사람은 아무도 없을 것입니다. 교회에서도 거짓말하지 말라는 설교나 가르침을 많이 하며, 거짓말을 하면 신앙이 부족한 신자로 취급합니다. 거짓말은 교회 안에서는 금기 사항으로 되어 있습니다. 이에 대하여 이의를 제기하거나 토를 다는 사람은 아무도 없습니다.

어느 종교나 정상적인 종교라면 동서고금을 막론하고 거짓말은 나쁘다고 가르칩니다. 거짓을 가르치거나 용납하는 것은 사악한 사탄이나 마귀가 하는 전형적인 수법입니다(요한복음 8:44).

그럼에도 불구하고 거짓말이나 남을 속이지 말라는 원칙을 반드시 적용할 수 없는 상황이 우리 주변에서는 의외로 많이 벌어집니다. 물론 거짓을 말하거나 숨기지 않으려고 많이 노력합니다만, 때로는 어쩔 수 없이 거짓말을 하거나 숨기거나 속이는 경우가 있습니다. 예를 듭니다.

암환자에게 발병 사실을 알려야 하나요, 아니면 숨겨야 하나요?
교통사고로 갑자기 사망한 아빠의 죽음을 어린 자녀에게 사실대로 알려야 하나요?
군사정권 시대에 진압 경찰을 피해 도망친 대학생이 가게나 집에 들어오면 숨겨주어야 하나요, 뒤따라온 경찰에게 알려야 하나요? 아니면 거짓말을 해야 하나요? (그 당시에는 숨기거나 거짓말을 하면 처벌을 받았습니다.)

어떤 것은 쉽게 대답할 수 있고, 어떤 것은 대답하기 곤란한 것도 있습니다. 그럼 이런 경우는 어떨까요?

구타당하고 있던 옆집 아내를 숨겨주었는데, 우리 집에 찾아온 이웃 남편에게 이실직고해야 하나요?
도둑이 침입해서 귀중품을 달라고 하면 어디에 있는지 사실대로 말해야 하나요?
나만 알고 있는 소갈비 양념 비법을 언론에 공개해도 되나요?

회사의 영업 비밀이나 군사비밀을 알려달라는 사람에게 정보를 누출해도 되나요?

아마도 "아니요"라고 답하는 분이 많으리라고 봅니다.

이렇게 거짓말이나 상대방을 속이는 일이 성경에는 어떻게 나와 있는지 찾아보기로 합니다. 크게 세 가지 유형으로 구분할 수 있습니다.

첫째, 무자비한 범죄 행위나 탄압으로 인한 거짓말입니다.

(1) 출애굽기 1장 : 히브리 산파였던 십브라와 부아는 바로 왕에게 히브리 여인들이 산파의 도움 없이 아이를 순산한다고 거짓으로 보고합니다. 하나님은 이 산파들에게 은혜를 베풀어 집안이 흥왕하게 하십니다.

(2) 여호수아 2장 : 기생 라합은 히브리 첩자 두 명을 숨겨주고 도망치게 하여 나중에 자신과 가족들만 구원을 받았습니다. 성경은 이 여인을 믿음의 여인으로 칭송합니다(히브리서 11:31 / 야고보서 2:25).

(3) 사무엘상 16장 1~5절 : 하나님이 이새의 아들에게 기름을 부어 왕으로 삼으라고 했을 때 사무엘은 이를 거절합니다. 사울 왕이 알면 자신을 죽일 것이라고 말하자 하나님은 속임수를 쓰라고 알려주십니다. 제사를 드리러 왔다고 거짓말을 하라고요. 우리가 이해하기는 다소 어렵지만, 사울 왕의 잔인성을 아시는 하나님이 사무엘을 통해 구속사를 이어나가려 하신 것으로 해석할 수 있습니다. 그럼에도 100%

이해하기는 어렵습니다.

둘째, 정당한 전쟁으로 인한 속임수나 거짓말입니다.

구약시대의 전쟁은 속임수를 전제로 하는 경우가 많습니다. 낮에 전투를 하는 것이 원칙인데 야음을 틈타 공격합니다(창세기 14:15). 하나님은 여호수아에게 복병을 두라고 하십니다(여호수아 8:2). 하나님이 직접 복병을 두는 경우도 있습니다(역대하 20:22). 하나님은 참되고(로마서 3:4) 거짓이 없는 분이지만(디도서 1:2 / 히브리서 6:18 / 베드로전서 2:22), 전쟁에서는 이스라엘의 적을 속이고 있습니다.

셋째, 사회적 관행입니다.

누가복음 24장 28절에서 부활하신 예수님은 두 제자와 함께 가시던 중 더 가려는 것같이 하시다가 제자들이 강권하자 결국 마을에서 숙박하게 됩니다. 이는 예수님이 겸손으로 하신 것으로 보입니다. 한국 문화에서도 이런 겸양지덕의 예가 있습니다. 삼고초려(三顧草廬)라고 하지요. 실제로는 벼슬이나 관직을 수락할 수 있지만 몇 번 거절하는 것이 예의로 되어 있습니다.

친구들이 통화를 마치면서 "다음에 보자"고 하면 약속이 아니라 으레 하는 인사말이라는 것을 서로 압니다. 스포츠 세계에서도 마찬가지입니다. 야구에서 투수가 직구를 던지지 않고 커브나 슬라이더를 던지는 것, 축구에서 드리블을 하면서 페인트 모션으로 상대방을 속이는 것, 배구에서 A퀵과 B퀵 같은 것 등이 있습니다.

이제 결론을 내리고자 합니다.

새빨간 거짓말은 하지 말아야 합니다. 사탄이 아담과 하와를 속인 일, 아브라함과 이삭이 아내를 누이라고 속인 일, 야곱이 이삭과 아버지를 속인 일, 아간의 거짓말, 다윗의 미친 사람 흉내, 아합 왕이 나봇의 포도원을 빼앗은 일, 아나니아와 삽비라의 거짓말 등은 결코 해서는 안 되는 새빨간 거짓말입니다.

그러나 선한 마음으로 상대방을 속이는 경우도 있습니다. 우리는 이것을 하얀 거짓말이라고 합니다. 하얀 거짓말인지 여부는 거짓말이나 속이는 것의 동기와 상황, 결과를 모두 고려해서 판단해야 합니다. 또한 무자비한 범죄 행위나 탄압으로 인한 거짓말과 정당한 전쟁으로 인한 속임수나 거짓말, 사회적 관행으로 이해할 수 있는 거짓말은 용인할 수 있습니다.

거짓말이라고 해서 반드시 나쁘다고 평가하거나 비난하지는 말아야 합니다. 거짓말하거나 속이는 상황을 잘 살펴보아야 합니다. 그러지 않으면 공연히 시험에 들거나 고민하는 일이 생기고 다른 사람을 비난하게 됩니다.

03

교회 옮기기가 비성경적인가요?

Q 담임목사님이 본교회를 버리고 다른 교회에 가는 것을 반대합니다. 교회를 떠나기보다는 담임목사를 위해 기도하며 올바르게 세워가는 것이 옳다고 합니다. 어떤 심각한 문제가 있어도 본교회를 떠나지 않고 지켜야 한다는 것입니다. 이사도 못 가게 하고 도리어 직장을 옮기라고 합니다. 어떻게 해야 하나요?

A 정말 답답합니다. 교회 생활만 강조하는 교회로 보입니다. 그렇게 성경적으로 균형을 잃어버린 교회들이 적지 않습니다. 중요한 것은 어떤 교회든 문제가 있다는 점입니다. 「신약성경」에서 문제가 가장 심각한 교회를 지적한다면 단연 고린도교회입니다. 파벌, 음행, 소송, 결혼, 음식, 은사 같은 문제로 골치를 앓았습니다. 그런데도 바울은 고린도교회를 버리지 않았습니다. 고린도교회의 지도자가 잘못한 것이 아니라 성도들이 문제가 많았기 때문입니다. 그래서 바울은 고린도교회를 떠나지 않고 끝까지 기다려주었습니다. 그들

이 바로 설 때까지 기다려주고 훈계하고 지도한 것이지요.

한국교회는 어떤가요? 문제 있는 성도들이 간혹 있다는 것은 압니다. 특히 성도들 중에서도 장로나 권사가 문제가 많다는 것도 잘 압니다. 하지만 더욱더 심각한 것은 교회 지도자인 목회자의 윤리적 타락과 이단 사이비성 문제입니다. 목회자는 비인격적인 언행, 신행(信行)의 심각한 불일치, 교회 세습, 재정 의혹과 횡령, 부적절한 이성 관계 때문에 타락의 길을 걷습니다. 이단성이나 사이비성이 있다고 주요 교단에서 규정한 목사나 교회는 떠나는 것이 원칙입니다. 신사도운동, 직통계시, 극단적인 종말론이나 세대주의를 주장하는 교회에 남아서는 안 됩니다.

잘못된 목회자들로 인해 상담을 요청하는 분들이 일주일에 두세 분은 반드시 있습니다. 안타깝게도 그 숫자가 줄어들지 않고 늘어간다는 데 문제의 심각성이 있습니다. 그런데도 본교회를 떠나지 못하고 방황합니다. 개중에는 기독교 믿음에 회의를 품다가 끝내 실족하거나 믿음을 아예 잃어버리는 사람도 있습니다.

성경과 교회사에서 교회 이전에 대한 내용을 살펴보려고 합니다. 사실 교회를 옮기거나 이전하는 것에 대하여 명확한 지침을 주는 성경 본문은 없습니다. 다만 참조할 만한 부분은 있습니다.

에스겔서를 보면 하나님이 성전을 떠나시는 장면이 나옵니다(에스겔 10장). 물론 **나중에 다시 돌아오실** 것을 약속하지만요(에스겔 48:35). 성전은 하나님이 계셔서 백성들이 하나님을 만나고 경배하는 곳입니다. 그런데 하나님이 그 성전을 떠나신다는 것은 구약시대 백성들에게 상상도 할 수 없는 일이었습니다. 하나님이 구약시대에도 성전을 떠나셨는데 신약시대에 교회당을 떠나는 것은 문제도 아닐 것입니다.

물론 하나님은 교회를 떠나시거나 버리시지 않습니다. 그러나 교회당은 떠나실 수 있습니다. 혼동이 오나요? 교회당과 교회는 다릅니다. 교회당과 교회를 혼동하는 신자는 기독교가 무엇인지를 처음부터 배워야 합니다. 에베소교회도 회개하지 않으면 하나님이 촛대(교회)를 옮기시겠다고 말씀하시는 장면이 나오는데 이것은 우연의 일치가 아닙니다(요한계시록 2:4~6). 하나님은 교회당을 떠나실 수 있고, 하나님이 떠나신 교회당은 사탄이 역사하는 곳이 됩니다.

16세기 가톨릭교회도 교황, 주교, 신부 같은 지도자의 부패가 문제였습니다. 루터 같은 개혁자는 새로운 종교를 만들려고 한 것이 아니라 교회를 개혁하기를 원했습니다. 그래서 교황청이 회개하기를 3년간 기다렸으나 아무 소득이 없고 도리어 파문을 당하자 새로운 교회를 만들게 됩니다. 어쩔 수 없이 교회를 떠나게 된 것이지요. 장 칼뱅, 울리히 츠빙글리도 신부가 되었지만 교회를 개혁하려고 부패한 로마가톨릭교회를 떠납니다. 그리고 장로교회와 개혁교회를 만듭니다.

한국은 어떨까요? 일제강점기 말 김교신 선생은 부패하고 타락한 교회를 나와 교회를 세웠습니다. 교회당을 건축하지 않고 신자의 집이나 건물을 빌려 예배를 드렸습니다. 독립운동을 하고 학생들을 기독교 정신으로 키웠습니다. 지금 같으면 가나안 교회를 세우고 섬긴 것입니다. 다만 그의 신학이 그 당시에는 혁명적으로 보여서 무교회주의자로 낙인이 찍혔습니다. 그래서 선각자는 이단 소리를 듣는 겁니다. 요즘은 김교신 선생을 이단으로 평가하는 사람은 드문 것 같습니다.

본교회가 신앙적으로 신학적으로 잘못되면 신자는 다른 교회로 옮길 수 있습니다. 다른 건강한 교회로 가는 것이 바람직합니다. 그러나 성도 간의 다툼이나 교회의 정당한 권징에 대한 불순종으로 또는 목사나 교회를 내 마음대로 좌지우지할 수 없다고 교회를 옮기는 것은 수용할 수 없습니다. 이런 분들은 어느 교회를 가든 교회를 혼란스럽게 만듭니다. 부유와 건강 같은 것을 기원하는 기복(성공)신앙, 복음보다는 사회정의나 사회참여, 사회의 나쁜 풍조인 멋진 음악과 세련된 미적 감각을 추구하는 교회라면 옮기기를 심각하게 고민해야 합니다.

하나님의 입장에서 보면 이 교회에 있으나 저 교회로 옮기나 마찬가지가 아닐까요? 절이 싫으면 중이 절을 떠나라는 말이 있습니다. 교회가 싫으면 신자가 떠나야지 교회를 떠나라고 할 수는 없습니다. 예수님의 핏값으로 산 몸 된 교회를 신자가 좌지우지할 수는 없습니다. 교회, 아니 목사를 성도가 변화시켰다는 말은 들어본 적이 없습니다.

마지막으로, 교회를 옮기되 자주 옮기는 것은 피해야 합니다. 심사숙고해서 사전에 옮기려는 교회의 예배에 참석하고 기도하면서 결정해야 합니다. 이 세상에 완벽하고 완전한 교회는 없으며, 어느 교회에나 문제는 있습니다. 어느 교회를 가도 인간관계(목사와 신자, 신자와 신자의 다툼과 갈등) 문제가 생기게 마련입니다.

결론적으로, 섬기던 교회를 떠나 다른 건강한 교회로 옮기는 것은 잘못이 아닙니다. 어떤 문제가 있는지는 정확히 모르지만 교회 생활만 강조하고 가정생활과 사회생활은 무시하는 교회로 보이니 다른 교회로 옮겨도 괜찮습니다. 단, 교회를 자주 옮기는 것은 피해야 한다는 점을 기억하십시오.

구약의 절기를 오늘날에도 지키나요?

Q 섬기는 교회에서는 구약의 월삭, 초막절, 오순절 같은 절기를 지켜 기도회나 행사도 합니다. 그런데 예수님께서 십자가에서 죽으시고 부활하셔서 모든 절기가 폐지돼 지킬 필요가 없다는 말도 들었습니다. 어느 말이 맞는지 혼란스럽습니다.

A 매우 중요한 질문입니다. 교회의 형편과 상황에 따라서 구약과 신약 가운데 선택을 하는 것으로 보입니다. 결론을 먼저 말하자면, 성경을 그렇게 자신의 편의대로 해석하고 적용하면 교인들을 혼란스럽게 만들기 때문에 좋지 않습니다. 예를 듭니다. 구약에서는 삼손을 바람둥이라고, 자살했다고 나쁜 인물로 평가합니다(사사기 16:25~30). 그런데 신약은 삼손을 의인이라고 평가합니다(히브리서 11:32). 이럴 때 신자는 삼손을 어떻게 평가해야 할지 고개를 갸웃하게 됩니다.

구약과 신약의 절기 관계에 대한 천주교와 기독교의 해석이 다릅니다. 천주교는 구약에서 나타난 절기나 사상이 신약에 없으면 지키지 않습니다. 예를 들어 월삭, 초막절 같은 절기를 지키라는 말이 구약에는 있지만 신약에는 없으므로 지키지 않습니다. 다만 천주교는 성경과 전통을 둘 다 중요시하므로 성경에 없다고 해도 전통으로 내려온 것은 지킵니다.

개신교는 다소 복잡하고 교단마다 목사마다 다릅니다. 백인백색이라고 해도 과언이 아닙니다. 크게 네 가지로 분류합니다.

(1) 구약의 절기가 신약에도 그대로 이어진다고 보는 경우

(2) 구약의 절기를 아직도 많이 지키는 경우

(3) 부분적으로 또는 정신적으로 이어진다고 보는 경우

(4) 완전히 단절이 되었다고 보는 경우

저는 (3)을 따르므로 월삭, 초막절, 안식년 같은 것은 지키지 않습니다. 하지만 없어졌다고 해도 절기의 정신과 사상은 따를 수 있다고 봅니다. 예를 듭니다. 십일조는 구약 율법이어도 따른다고 보지만, 감사와 기쁨이 없거나 가난한 신자는 십일조를 하지 않아도 된다고 봅니다. 어느 목사는 십일조 같은 규정이 신약에 명확히 없다고 하여 지킬 필요가 없다고 하는데, 이런 입장을 보이는 목사는 드뭅니다. 대개 비개혁적인 목사일수록 (1)과 (2)를 선호하는 것으로 보이며, (4)를 지지하는 목사는 거의 보지 못했습니다.

구약 정신의 계승을 좀 더 설명합니다. 구약의 절기나 날들은 사라졌고 지킬 의무가 없지만, 그 정신은 지금도 계승할 수 있습니다. 예를 들어 월삭(월초)도 지난달에 대해 하나님께 드리는 회개와 감사로, 이번 달에는 좀 더 하나님의 말씀에 따라 살겠다고 다짐하고 기도하는 것은 가능하다고 봅니다. 매일 취침 전이나 새벽에 기도할 때 회개하고 감사드리고 다짐을 하는 것이지요. 어떤 사람은 매주 주일에 하는 경우도 있습니다.

그런 기도도 하지 않는 신자가 한 달에 한 번이라도 기도하며 정결한 삶을 살고자 하는 것을 반대하지는 않습니다. 하지만 이것을 기회로 해서 월삭헌금이나 월삭금식을 도입하는 것은 반대합니다.

신약을 보면 구약의 절기 같은 것이 사라졌다는 구절이 여러 군데 있습니다(골로새서 2:17 / 히브리서 9:18 / 로마서 14:17 등). 가장 대표적인 구절로 갈라디아서 4장 10~11절을 내세웁니다(우리말성경).

"여러분은 날과 달과 절기와 해를 잘도 지킵니다. 내가 여러분을 위해 수고한 것이 헛될까 두렵습니다."

여기서 '날'이라 함은 안식일(매주 토요일), 금식일(화요일, 금요일)을 말하고 '달'은 매달 지키는 절기, 예컨대 월삭(월 첫째 날인 1일)을 말합니다. 또 '절기'라 함은 유월절(무교절), 초막절(장막절), 오순절(칠칠절)을, '해'라 함은 안식년(매 7년)과 희년(매 49년)을 말합니다.

저는 안식년의 정신 개념을 도입해 채무 기간이 6년을 넘으면 탕감해줍니다. 누군가에게 빌려준 돈을 받으려 하지도 않고 기억 속에서 지워버립니다. 그렇다고 해서 희년(7×7년)이나 50년이 되었다고 제 명의의 부동산을 교회나 사회 또는 전(前) 주인에게 바치지는 않습니다. 성경에서 그 누구도 희년을 지켰다는 기록은 없습니다. 땅과 집 회복, 노예 해방, 채무 면제가 희년에 해야 할 것들이지만 이에 따르지는 않더라도 희년의 정신은 지키고 본받을 수 있을 것입니다.

교회에서 절기를 강조하고 지키라고 아우성치는 이유가 무엇일까요? 목사를 제사장으로 만들려는 의도가 숨어 있을 수도 있습니다. 거기에 헌금 거수도 한몫을 합니다. 월삭헌금, 초막절헌금, 안식년 감사헌금 등 각종 헌금을 만들어내니까요.

구약의 절기를 신약에서 준수하느냐 마느냐의 문제는 구약의 율법과 신약의 복음으로 연결됩니다. 이스라엘의 율법은 크게 사회법(Social law), 제사법(Ritual law), 도덕법(Moral law)으로 분류할 수 있습니다. 이중 사회법과 제사법은 시대의 흐름과 예수님의 십자가 사건으로 폐지되었으나 그 기본 정신과 사상은 오늘날에도 우리가 지켜야 합니다. 물론 도덕법(주로 십계명의 5~10계명)은 우리가 반드시 지켜야 할 법임에 틀림없습니다.

05

기본 신앙 서적을 추천해주세요

Q 목사님이 전해주는 설교를 무비판적으로 듣고 있는 제 모습을 볼 때 어쩌면 하나님을 알려는 의지가 없는 게 아닌가 하는 생각이 듭니다. 일반 신자가 읽어보면 좋은 조직신학이나 교회론에 대한 도서를 추천해주시길 바랍니다. 책을 읽을 때의 주의 사항도 함께 알려주셨으면 좋겠습니다.

A 기독교를 알려면 신학교에서 가르치는 방법을 따르는 게 정확합니다. 조직신학(교리)과 역사신학(세계사와 한국사), 성경신학(신약과 구약)만 제대로 알면 됩니다. 일반 성도들이 실천신학(설교, 예전, 교육, 상담, QT 등)이나 언어(히브리어, 헬라어 등)를 배울 필요는 별로 없습니다. 실천신학 가운데 QT, 기도 방법, 전도 훈련 같은 개인 경건 훈련은 교회에서 배워야 합니다. 하지만 언어는 굳이 배우거나 배우려고 노력하지 않아도 됩니다. 언어가 필요하다고 느낄 때 좋은 프로그램의 사용법을 배우거나 다른 번역 성경들을 읽으면 어느 정도는 해

결이 되니까요.

요청하신 참고 서적을 말씀드립니다. 다양하게 추천하지는 않겠습니다. 가방이 크고 책을 많이 가지고 다닌다고 공부를 잘하는 건 아니니까요. 설명이 간략하고 쉬우면서도 핵심을 찌르는 책을 몇 권 반복해서 읽는 것이 중요합니다. 돈을 들이지 않고 쉽게 공부하면 효과가 반감됩니다. 반드시 책을 구입해 읽는 습관을 들이십시오. 책에 색펜으로 줄을 긋고 기록이나 소감도 남겨보십시오.

(1) **조직신학**

스피드 조직신학(정성욱 저, 홍성사) 11,000원

(2) **역사신학**

세계교회사 : 교회사 클래스(박경수 저, 대한기독교서회), 11,500원

한국교회사 : 한 권으로 읽는 한국 기독교의 역사(류대영 저, 한국기독교역사연구소), 23,000원

(3) **성경**

만화 성경개관 신구약(백금산 저, 부흥과 개혁사), 각 권 12,000원

성경통독에 도움이 되는 책 : 성경통독 365일, 365일 성경통독, 1년 1독 성경통독 등

(4) **주석**

IVP 성경주석(J. A. 모티어, G. J. 웬함 외 편/김재영, IVP), 65,000원

ESV 스터디바이블 주석(부흥과 개혁사), 110,000원

뉴 호크마 주석(기독지혜사), 3권, 200,000원

　　그랜드 종합주석(제자원 편저, 성서원), 20권, 450,000원

　(5) **성경사전**

　　라이프 성경사전(생명의말씀사) 30,000원

　가장 중요한 것이 성경입니다. 개역개정성경은 다른 번역 성경, 이를테면 새번역, 우리말성경, 쉬운 성경과 함께 읽는 것이 기본이므로 다시 설명하지 않습니다. 교리와 역사를 어느 정도 알고 설교를 들으면 목사님이 올바른 설교를 하는지 아닌지 어느 정도 구분할 수 있습니다. 그러면 이단이나 기복주의, 은사주의나 신비주의에 빠지지도 않습니다.

　참고 서적 가운데 (1), (2)는 한 번만 읽으면 안 됩니다. 최소한 서너 번은 정독해서 내 것으로 만들어야 합니다. (3)은 성경 각 권을 읽기 전후에 반드시 읽어야 합니다. 성경의 주제와 방향을 확인하는 작업입니다. (4)의 주석은 성경을 읽을 때 잘 모르거나 자세히 알고 싶을 때 참조하는 것입니다. 어떤 분은 주석을 처음부터 끝까지 읽는데, 별로 도움이 되지 않으니 그렇게 하지 마십시오. (5)는 성경 용어나 단어, 인물, 지명을 모를 때 찾아보면 많은 도움이 됩니다.

　이런 식으로 최소 1~2년 공부하면 기초가 잡힙니다. 단단한 기초와 토대 위에 조금 더 두껍고 복잡한 책을 읽어서 깊이와 높이와 두께를 쌓아가는 겁니다. 그렇게 꾸준히 2~3년을 공부하고 생각하고 적용

하다 보면 얼마나 믿음이 성장하고 분별력이 생겼는지 스스로 느끼고 평가할 수 있습니다.

공부 못하는 학생들이 주로 이 책 저 책을 봅니다. 그러고는 책에 문제가 있다고 말하는 어리석음을 봅니다. 또 주위를 둘러보면 신앙 서적을 끼고 사는 신자들이 간혹 있습니다. 무슨 책인지 살펴보면 주로 간증집이나 신학자들이 쓴 어려운 책입니다. 간증집은 백 권을 읽어도 신앙에 별 도움이 되지 않습니다. 가끔 어려운 교리나 조직신학 책을 읽고 자만하는 신자를 보는데, 이는 바람직하지 않습니다.

좋은 책 한 권을 반복해서 읽으십시오. 두 번 읽기는 기본입니다. 좋은 책이라면 5번, 아니 10번이라도 읽어야 합니다. 그런 방법이 늦거나 무지해 보이지만 가장 빠른 지름길입니다. 그러고 나면 좋은 신학 책을 고를 수 있는 안목이 생깁니다. 목차를 보고 내용을 대충 훑어보면 본인이 소화할 수 있는지 아닌지, 혹 불순하거나 나와 맞지 않는 내용인지 알 수 있습니다.

06

무직자인 예수님이 공생애를 살면서 어떻게 생활하셨나요?

Q 예수님은 평생을 가난하게 사신 것으로 압니다. 공생애 3년간은 세상일도 하지 않아 돈도 벌지 못하셨는데 어떻게 열두 제자들과 함께 지내셨을까요? 물질과 재정이 많이 필요했으리라고 봅니다.

A 좋은 질문입니다. 이런 질문은 현재 목회자들의 사례비와도 연결될 수 있으니까요. 얼마 전 모 집사님이 제게 "한국교회 목사들 가운데 돈을 초월하거나 돈이 중요하지 않다고 말하는 목사들이 단 한 명도 없어서 교회에 나갈 수 없다"고 하더군요. 결국 그는 가나안 신자가 되었습니다.

지금 우리는 사람이 혼자 자급자족할 수 없는 시대를 살고 있습니다. 돈이 없으면 현 사회를 살아가기가 매우 어렵습니다. 산이나 무인도에서 혼자 사는 사람들, 〈나는 자연인이다〉에 출연하는 주인공들도 한 달에 최소 10만 원은 필요하다고 하니까요. 기도 제목에서 '돈'이 빠지는 일은 드뭅니다. 기도 제목 중 대부분이 돈, 건강, 믿음, 대인관계에 관한 것이니까요.

교회 운영도 돈이 없으면 곤란합니다. 돈이 없으면 예배하고 교육하고 교제하고 전도하는 길이 매우 좁아지거나 아예 길이 막힐 수도 있습니다. 목회자들도 이중직이나 자비량 사역을 하지 않는다면 더 이상 교회에서 사역할 수 없습니다. 대부분의 신학생들은 물질적으로 빈곤하며 경제적으로 여유 있는 경우는 많지 않습니다. 하물며 개척교회 목사나 부교역자는 어떻겠습니까? 심지어 최저임금에도 미치지 못하는 경우가 비일비재합니다.

그렇다면 예수님은 어땠을까요? 예수님에게는 교회당이 없었으니 교회당을 건축하고 유지할 돈이 필요 없었습니다. 예수님은 회당, 성전, 도로, 바닷가나 빈 들에서도 설교하고 가르치셨으므로 교회당이 필요 없었습니다. 또 제자들에게 봉급이나 사례비를 주지 않았던 것으로 보입니다. 예수님도 사례비를 받지 않은 것은 당연하고요.

그럼 예수님은 필요한 자금을 어디에서 충당했을까요? 기도하면 하나님이 하늘에서 '뚝딱' 돈을 내려 부으셨을까요? 이렇게 생각하는 사람은 신사도운동가나 신비주의자일 가능성이 많습니다. 아니면 예수님과 제자들은 영적으로 뛰어나서 매일 굶거나 물만 먹고 지탱했을까요? 그것도 하루이틀이 아니라 3년씩이나요? 예수님이 먹기를 탐하고 포도주도 자주 마셨다는 기록으로 보아 그것도 아닌 것 같습니다.(마태복음 11:9)

이에 대한 해답은 누가복음 8장 2~3절에 있습니다. 우리말성경으로 살펴봅니다.

"악한 영과 질병으로부터 고침 받은 여자들도 예수와 함께했습니다. 이들은 일곱 귀신이 떠나간 막달라 마리아였고 헤롯의 청지기인 구사의 아내 요안나 또 수산나와 그 밖의 많은 여인들이었습니다. 이들은 자신들의 재산으로 예수의 일행을 섬겼습니다."

막달라 마리아, 요안나, 수산나 그리고 많은 여인이 자신들의 돈으로 예수님과 동행하는 제자들을 섬겼습니다. 그것도 억지로가 아니라 자발적으로 섬겼습니다.

첫째, 막달라 마리아입니다.

마리아가 맨 먼저 언급된 것으로 보아 가장 주도적인 역할을 한 것 같습니다. 그는 일곱 귀신(7이라는 완전하고 큰 숫자)이 들렸다고 했으니 많은 육체적·정신적인 질병과 고난 속에서 보낸 것이 틀림없습니다. 그런 사람을 예수님이 해방시켜주셨으니 말할 수 없이 고맙고 감사했을 것입니다. 얼마나 고마웠으면 막달라 마리아가 예수님께 비싼 향유를 담은 옥합을 깨뜨려 머리에 부었을까요(마가복음 14:3 / 누가복음 7:37 등)? 옥합의 가치는 약 1년치의 노동자 임금으로 최소 2천만 원이 넘습니다.

둘째, 구사의 아내 요안나입니다.

구사는 당시 갈릴리를 통치하는 분봉왕인 헤롯 안티파스의 재산을 관리하던 청지기입니다. 청지기는 재무장관의 서열에 속하는 높은 지위로서 고위층을 상징하므로 그가 소유한 재산과 권력이 상당했을 것입니다. 요안나가 예수님을 재정적으로 지원했다면 어느 정도 충분히 지원했을 것으로 추측합니다. 그렇다면 그녀는 어떻게 그 많은 돈을 후원할 수 있었을까요?

전승에 따르면 요한복음 4장 46~53절에 나오는 갈릴리 가버나움에서 병든 왕의 신하의 아들이 바로 구사의 아들이라고 합니다. 구사는 죽을병에 걸린 아들을 고쳐주신 예수님께 감사하면서 온 가족이 예수님을 믿게 되었습니다. 그 뒤 구사는 아내 요안나에게 예수님께 후원금을 드리면서 봉사하라고 했다고 합니다. 전승이기는 하지만 가능성이 없다고 말하기도 어렵습니다.

어쨌든 요안나는 예수님과 동행하면서 물질적인 도움을 주었고, 나중에는 예수님의 죽음을 목격했으며(누가복음 23:44~49), 예수님이 부활하실 때 무덤을 찾아가 부활을 증명하는 큰 역할을 합니다(누가복음 24:1, 24:3, 24:9).

셋째, 수산나입니다.

수산나에 대해서는 성경에 아무런 설명이 없습니다. 그 어떤 사실도 알려진 게 없지만 수산나는 그 당시 사람들에게는 따로 설명하지 않아도 될 만큼 유명 인물이었던 것으로 짐작합니다.

그 밖에도 여러 여인이 등장합니다. 그들이 예수님과 제자들을 어떻게 섬겼을지 짐작하게 하는 성경 본문이 있습니다. 요한복음 13장 29절을 보면 가난한 사람들에게 음식을 사고 가난한 사람들을 구제하기 위한 어떤 기금이 있었고, 가룟 유다가 그 돈을 관리했다고 합니다. 그 돈은 막달라 마리아, 요안나, 수산나와 여러 여인들이 감사한 마음으로 예수님과 제자들에게 기부했을 것으로 봅니다.

07

베리칩과 임박한 재림이 연관이 있나요?

Q 새로 옮긴 교회에서 담임목사님이 "베리칩은 짐승표다", "예수님이 곧 오신다", "주여 주여 하는 자마다 천국에 갈 수 없다", "예수님은 공중에서 오시고 휴거가 된다", "우리는 천국에 바로 갈 수 없고 심판을 받고 결정된다"고 설교 시간에 자주 말씀하십니다. 이단성이 있는 교회가 아닌지 걱정이 됩니다.

A 집사님이 종말론에 대해서 정확히 알고 계십니다. 적그리스도가 누구인지, 어떤 존재인지는 아무도 정확히 모릅니다. 적그리스도가 히틀러, 김일성, 심지어 가톨릭 교황이라는 말도 있었지만 모두 정확하지 않습니다. 다만 예수님을 부인하고 그리스도인을 핍박하고 미혹하게 만들어 죽음으로 이끄는 어떤 사탄의 세력이라고 보는 것이 옳습니다(요한일서 2:22, 4:3 / 요한이서 1:7).

베리칩이 짐승의 표인 666(적대 세력)은 아닙니다. 예전에는 666이 바코드라고 했지만 이제는 아무도 믿지 않자 베리칩으로 변경한 것입니다. 미국 오바마 정부 시절 베리칩을 인간의 몸에 이식한다고 난리가 난 적이 있지만 사람에게 이식된 적은 없습니다. 소나 개, 고양이 같은 동물에게는 가능하겠지만 사람에게 이식한다고 하면 찬성할 사람이 없을 테니까요.

한편, 이식을 한다고 해도 무엇이 두려운가요? 지금은 우리의 일거수일투족이 CCTV로 다 상세히 기록되고 있지 않나요? 범죄자는 CCTV가 두렵고 무섭겠지만 대부분의 사람들은 의식하지도 않고 잘 살아갑니다. 도리어 성능과 화질이 뛰어난 CCTV를 더 많이 설치해달라고 요구하는 실정이 아닌가요? 탈의실, 목욕 시설, 화장실, 수술실 등 특수한 경우에는 인권 침해 논란도 있지만요.

예수님이 곧 재림하신다는 것은 옳지만 언제 어디로 오실지는 모른다는 것이 정통 신학입니다(마태복음 24:36 / 마가복음 13:32 / 사도행전 1:7). 임박하고 긴급한 종말론을 주장하는 교회나 단체는 위험합니다. 특히 공중에서 예수님을 만나고 사라진다는 휴거 사상(데살로니가전서 4:17)은 대부분의 교회가 수용하지 않고 있습니다. 세대주의를 수용하는 교회만 휴거를 적극적으로 주장합니다. 깨달음과 구원 날짜를 알아야 구원을 받은 것이라고 주장하는 이단들이 주로 휴거나 임박한 종말론을 수용하고 주장해 신자들을 공포로 몰아갑니다.

천국에 바로 갈 수 없고 심판을 받아 결정된다는 것은 '백보좌 심판'(요한계시록 21:11)을 말합니다. 거듭난 신자가 죽은 뒤 백보좌 심판으로 결정된다는 것은 이단성이 있는 위험한 주장입니다. 거듭난 성도에게 백보좌 심판은 형식적인 절차일 뿐 예수님의 의(義)를 힘입어 낙원에서 천국으로 직행합니다. 그리고 음부에 있던 불신자는 백보좌 심판을 받아 영원한 불못인 지옥으로 갑니다.

결론적으로, 저라면 조용히 그 교회에서 나오고 더 이상 그런 목사님과 교제하거나 상종하지 않을 것입니다. 이단은 아니지만 건강하지 못한 교회이므로 교회를 옮긴다고 생각하고 마음을 편히 가지십시오. 교회를 옮기면 기존 교회의 목사님이나 성도들이 전화나 카톡으로 연락해 올 것입니다. 만약 교회를 떠나는 자매님을 저주하거나 정죄한다면 그 교회가 잘못되었다는 것을 스스로 입증하고 고백하는 꼴이 됩니다. 아무쪼록 건강한 교회에서 훌륭한 목사님을 만나 기쁘고 감사하게 신앙생활을 하시길 소망하고 기도합니다.

박쥐, 생선회, 육회, 게, 가재, 새우, 메뚜기는 먹어도 되나요?

Q 오늘 설교 때 전도사님이 코로나19가 살아 있는 박쥐를 피가 있는 상태로 먹는 중국인들의 습관 때문에 발생했다고 했습니다. 레위기를 보면 하나님이 피를 먹는 것을 금지하셨다고 하면서요. 그러자 저희 반 아이가 "선생님, 제가 생선회를 엄청 좋아하는데 먹으면 안 돼요?" 하고 물어보았습니다. 설교 중이기도 했고 순간 뭐라 답해야 할지 몰라 우물거리며 슬쩍 넘어갔습니다. 저도 평소에 이런 것들이 궁금했습니다. 생선회나 육회처럼 피가 남아 있는 음식을 먹어도 되나요?

A 초등학생이 참으로 좋은 질문을 했습니다. 주로 돼지고기나 피를 먹어도 되느냐고 질문하는 경우가 많은데, 생선회를 먹어도 되느냐는 질문은 저도 처음입니다. 전도사님이 애매모호하게 설교한 것 같습니다. 아마 그 전도사님은 구약의 율법인 사회법, 제사법, 도덕법 중에 사회법과 제사법은 지키지 않아도 된다는 것을 몰

랐을 가능성이 있습니다. 결론을 먼저 말씀드리면 예수님이 십자가로 구원을 완성한 뒤 우리 그리스도인은 구약의 절기, 관습, 안식일, 할례 같은 것을 지키지 않습니다. 다만 사회법과 제사법의 정신, 십일조, 도덕법을 지킵니다.

어쨌든 전도사님의 설교를 들은 학생은 생선회를 먹어도 되는지에 대한 의문이 풀리지 않았을 것입니다. 아이들에게는 간단명료하게 설명하는 것이 좋습니다. 사실 먹을 수 있는 음식물 문제는 여전히 남아 있는 것 같습니다. 아직도 선짓국이나 해장국을 먹지 말라고 하는 목회자가 있으니까요. 흥미로운 것은 그렇게 피가 있는 음식을 먹지 말라고 적극적으로 주장하는 목회자도 스테이크는 미디엄(Midium, 중간 정도 구운 형태로 중간에 핏기가 보임)으로 먹고 생선회와 육회를 먹는다고 합니다. 피는 먹으면 안 되고 핏기가 보이는 것은 괜찮은가요?

율법의 규정이라는 것이 이래서 쉽지 않습니다. 그러다 보니 유대인들은 율법을 풀어 쓴 『미쉬나』, 『탈무드』 같은 규정집을 만들었습니다.

구약시대에 하나님은 먹을 수 있는 동물과 먹을 수 없는 동물을 구분했습니다. 레위기 11장과 신명기 14장에 나타납니다. 먹을 수 없는 것 중에 눈길을 끄는 것들이 있습니다. 대표적인 것으로 돼지와 박쥐는 먹지 못하고, 지느러미와 비늘이 없는 장어, 새우·게·바닷가재 같은 갑각류, 문어·오징어 같은 연체동물도 먹을 수 없다고 합니다. 먹을 수 있는 것 중 흥미로운 것은 메뚜기입니다. 그래서 세례 요한도 메뚜기를 먹었습니다(마태복음 3:4 / 마가복음1:6).

하나님은 어떤 이유로 먹지 못하는 동물과 물고기를 지명하셨습니다. 예를 들어 돼지를 금한 것은 불결한 곳에 살거나 더운 날씨에 부패하기 쉽고 이방인들이 제사에 사용했기 때문으로 보입니다. 박쥐는 음침하거나 습기가 많은 동굴에서 살고 모양이 흉측해서 금지한 것으로 보입니다. 요즘은 하나님이 의학적으로 좋지 않은 것을 먹지 못하게 했다는 주장도 나옵니다. 이것도 저것도 아니면 하나님이 에볼라나 코로나19가 유행할 것을 미리 알고 식용을 금지한 것은 아닐까요? 실제로 이런 주장을 하는 사람도 있지만 동의하기 어렵습니다. 꿰맞추기 발상인 것 같습니다.

구약시대의 유대인은 사회적 율법인 정결 음식법을 잘 준행했습니다. 신약시대에도 유대인은 성경에서 먹지 말라고 한 동물을 음식으로 만들지 않았습니다. 대표적으로 돼지를 기르지도 않았습니다. 그런데 사도 바울이 이방인을 대상으로 선교를 가면서 음식 문제가 대두되었습니다. 이방 신전에서 우상에게 바친 제물이 시장에 유통될 수밖에 없는 상황에서 바울은 시장에 나온 고기를 먹어도 된다고 했습니다(고린도전서 8:8). 우상에게 바친 제물도 먹을 수 있다고 한 것이지요. 그러면서도 바울 자신은 믿음이 약한 형제를 실족하게 할까 염려되어 고기를 먹지 않은 것으로 보입니다(고린도전서 8:13).

바울이 1차 전도 여행을 마치고 예루살렘 회의에서 이방인에게 복음을 전파하며 할례를 금지하고 율법(부정한 음식 포함)을 지키지 않는 것에 대한 토론이 있었습니다(사도행전 15:1~6). 이때 베드로가 부정한 동물을 먹으라는 환상을 보고(사도행전 10:9~16) 로마 백부장인 고넬료의 집을 방문해 이방인에게 세례를 주고 복음을 전파한 사실을 알려주며(사도행전 10:17~23) 바울을 지지합니다(사도행전 15:7~11).

결국 예수님의 동생 야고보가 이방인에게 4가지를 지키라고 결론을 내립니다. 우상으로 더러워진 음식과 음행과 목매어 죽인 짐승의 고기와 피는 멀리하라는 것이지요(사도행전 15:20).

그런데 사도 바울이 이것을 준수했을까요? 아닙니다. 바울이 인생 말기에 쓴 편지인 디모데서를 보면 그 결정을 지키지 않은 것으로 보입니다.

"혼인을 금하고 어떤 음식물은 먹지 말라고 할 터이나 음식물은 하나님이 지으신 바니 믿는 자들과 진리를 아는 자들이 감사함으로 받을 것이니라 하나님께서 지으신 모든 것이 선하매 감사함으로 받으면 버릴 것이 없나니 하나님의 말씀과 기도로 거룩하여짐이라"

(디모데전서 4:3~5)

바울은 어떤 음식물이든지 기도하며 먹으면 아무 문제가 없다고 선언한 것입니다. 예수님이 하신 말씀과 거의 동일합니다.

"입으로 들어가는 것이 사람을 더럽게 하는 것이 아니라 입에서 나오는 그것이 사람을 더럽게 하는 것이니라"(마태복음 15:11)

예수님은 구약의 율법을 철폐하면서 우리들에게 모든 음식을 먹을 수 있다고 결론을 내려주신 것입니다.

이렇게 '먹어도 그만 먹지 않아도 그만', '먹어도 좋고 먹지 않아도 좋은' 것을 가리키는 신학적 용어가 '아디아포라(Adiaphora)'입니다. 우리 그리스도인은 아디아포라 문제로 편견이나 독단을 버리고 상대방을 이해하려 노력해야 합니다. 자칫하다가는 교회에 덕을 세우지 못하고 질서를 어지럽힐 수 있으니까요. 그러므로 삼겹살을 먹거나 생선회, 육회를 먹어도 됩니다. 삶아 먹거나 날것으로 먹어도 무방합니다. 피가 있는 순댓국, 해장국도 먹을 수 있습니다.

이런 것들은 구원과는 아무 관계가 없습니다. 즉, 먹어도 그만 먹지 않아도 그만입니다. 아디아포라 문제니까요.

다만 주의할 것이 있습니다. 그리스도인은 하나님이 허락하신 일반 은혜인 과학적·의학적 지식을 무시하지 않습니다. 그리스도인은 세균이나 바이러스가 침투하기 쉽다고 알려진 야생동물, 이를테면 박쥐, 낙타, 사향고양이, 원숭이 등을 먹지 않습니다.

건강에 좋지 않은 음식을 먹지 않으려고 노력하면서도 혹시 누가 그런 음식을 먹는다고 해도 비난하지 않습니다. 건강에 좋지 않은 음식에는 지방이 많은 삼겹살도 포함되고 과자, 빵, 콜라, 사탕 등 주변에 많습니다. 과식, 과음, 식도락(食道樂)은 피하고, 적게 골고루 먹고, 많이 움직이고 운동을 하면 좋습니다.

09

전도(선교) 명령이 구약에는 없나요?

Q 요즘 전도하기가 몹시 어렵습니다. 원론적인 질문이지만 전도(선교)는 왜 해야 하나요? 예수님의 명령이라서 해야 하나요? 구약에는 전도하라는 말이 없다고 하니 맥이 풀립니다. 전도할 때 주의해야 할 점이 있다면 알려주십시오.

A 솔직히 고백해주셔서 감사합니다. 요즘 전도하기가 매우 어렵다는 말을 듣습니다. 생존 연령의 증가, 다원주의, 맘몬주의, 포스트모더니즘(Postmodernism), 기독교의 타락 등 여러 가지 이유로 사람들이 예수님을 구세주로 받아들이지 않습니다. 전도(傳道)란 '도리를 알리는 것'입니다. 불신자에게 기독교 교리를 알려주어 믿음을 갖게 하는 것입니다. 쉽게 말하자면 예수님을 전하는 것입니다. 예수님의 십자가 구원을 알리는 것이지요.

물에 빠져 죽어가는 사람을 건져주는 것이 구원입니다. 낭떠러지를 향해 차를 운전하는 사람에게 계속 가면 천릿길 절벽이니 떨어져 죽는다고 말해주어야 합니다. 이렇게 죽어가고 있는 사람에게 복음(기쁜 소식 : 예수님을 통한 구원과 영생)을 전하는 것이 전도입니다.

전도(선교)의 당위성에 대해 질문하셨습니다. 전도는 대부분 「신약성경」에만 나타난다고 말하는 분이 있습니다. 어찌 보면 옳습니다. 「구약성경」에는 직접적으로 전도(선교)라는 용어가 나오지 않으니까요. 하시만 전도에 대한 말씀은 구약에도 있습니다. 이사야 49장 6절이 대표적입니다.

"(중략) 내가 또 너를 이방의 빛으로 삼아 나의 구원을 베풀어서 땅 끝까지 이르게 하리라"

전도의 범위를 조금 넓히면 노아도 대표적인 전도자였습니다. 하나님이 아브라함을 부른 것도 전도하기 위함이요, 모세를 광야에서 부른 것도 전도입니다. 선지자를 전도자라고 불러도 잘못이라고 항의할 사람은 없을 것입니다. 요나서의 전체 주제가 전도입니다. 하나님이 이방 사람들이 사는 니느웨 성을 구원하는 이야기입니다. 예레미야를 부르시는 하나님(예레미야 1:5), 복음이 퍼져 나가는 것(하박국 2:14) 등도 있습니다.

신약에서는 하나님이 이 세상에 오신 성육신 자체가 전도 사역입니다. 예수 그리스도 자체가 전도사입니다(누가복음 4:18~19 / 마태복음 12:18~21 / 누가복음 24:25~27 등). 예수님은 수많은 사람에게 복음을 전파하셨습니다(마태복음 11:1 / 마가복음 1:38~39 / 누가복음 4:41). 예수님의 제자들도 전도를 쉬지 않았습니다. 사도행전 전체가 전도(선교) 이야기라고 볼 수 있습니다. 대표적인 선교사가 자비량으로 사역을 했던 사도 바울입니다.

대표적인 전도(선교) 명령은 마태복음 28장 19~20절, 마가복음 16장 15절, 누가복음 24장 46~49절, 요한복음 20장 19~23절, 사도행전 1장 8절입니다. 이 가운데 가장 유명한 전도 구절이 마태복음 28장 19~20절과 사도행전 1장 8절입니다. 예수님이 남기신 지상명령이요 유언이라고 볼 수 있습니다. 부모가 남긴 유언에 순종하지 않는 자식은 없을 것입니다. 따라서 그리스도인에게는 전도의 의무가 있습니다.

그런데 전도가 불신자를 구원하는 데 목적을 두는 것이 아니라 교회의 성장과 부흥을 위한 도구로 사용되어 문제가 되는 것이 사실입니다. 반드시 전도 대상이 내가 섬기는 교회가 아니라 다른 어느 교회로 가도 좋다는 마음으로 전도해야 합니다. 다른 교회를 섬기는 사람을 자신이 섬기는 교회로 이동하게 하는 수평이동(일명 양 도적질)은 금해야 합니다.

전도는 4단계인 4영리로 이루어진다고 흔히 말합니다. 대부분 선교단체에서 많이 사용하며, 교회에서 차용하기도 합니다.

제1원리 : 하나님은 귀하를 사랑하시며, 귀하를 위한 놀라운 계획을 가지고 계십니다.

제2원리 : 사람은 죄에 빠져 하나님으로부터 떠나 있습니다. 그러므로 하나님의 사랑과 계획을 알 수 없고, 또 그것을 체험할 수 없습니다.

제3원리 : 예수 그리스도만이 사람의 죄를 해결할 수 있는 하나님의 유일한 길입니다. 귀하는 그를 통하여 귀하에 대한 하나님의 사랑과 계획을 알게 되며, 또 그것을 체험하게 됩니다.

제4원리 : 우리는 개인적으로 예수 그리스도를 '나의 구주, 나의 하나님'으로 영접해야 합니다. 그러면 우리는 우리 각 사람에 대한 하나님의 사랑과 계획을 알게 되며, 또 그것을 체험하게 됩니다.

이것도 설명이 길어 보입니다.

(1) 하나님은 자매(형제)를 사랑하십니다.
(2) 그런데 자매는 죄를 지었고 죄의 결과는 사망입니다.
(3) 예수님만이 자매의 죄를 해결할 수 있습니다
(4) 그러려면 예수님을 구주로 영접해야 합니다.

이 정도로 말한 후 영접기도를 따라 하라고 하면 됩니다. 더 간단하게 하려면 "예수를 믿어야 구원을 받습니다. 예수 믿고 영생을 얻으세요" 하면 됩니다. 이렇게만 말해도 복음에 반응해 예수님을 영접하는 사람이 있다는 말을 들었습니다. 그러므로 실망하지 말고 복음을 전해야 합니다.

전도는 하나님이 선택한 사람을 찾는 작업입니다. 복음을 전하지 않으면 복음을 들을 기회가 없습니다. 전도 효과가 없다고 해도 실망하지 마십시오. 언젠가는 열매가 맺힐 테니까요(보통 5~6번의 전도가 필요하다고 합니다).

교회에서는 대개 말씀을 전하는 것 여부와 관계없이 교회에 인도해 등록만 하면 전도로 인정합니다. 진정한 전도는 영접 기도를 받고 교회로 인도해 잘 보살펴주고, 세례를 받은 뒤 다시 다른 사람을 전도할 수 있는 능력을 갖춰야 비로소 끝나는 것입니다.

10

성령 세례, 성령 내주, 성령 충만을 구별하고 싶어요

Q 예수님을 구주로 고백하면 성령님이 내 안에 내주하고, 마음 문을 활짝 열어 성령님을 내 안에 모시라고 배웠습니다. 그런데 지금 다니는 교회에서는 "성령님 환영합니다", "성령님 초청합니다"라고 기도합니다. 이럴 때 저는 성령님이 내 안에 계시는데 밖에 계시는 성령님을 내 안에 모신다는 느낌이 들어 부담이 갑니다. 제 생각이 지나친가요?

A 집사님이 말씀하신 성령 내주는 지나친 생각이 아니라 아주 올바르고 정확한 생각입니다. 성령님은 한번 내 마음에 들어오시면 나가시지 않습니다. 말씀하신 대로 예수님을 구주로 고백하면 성령님이 내 안에 내주하십니다. 그러나 내가 죄를 짓거나 회개하지 않으면 신음하시고 괴로워하시며 나와의 교제가 멀어집니다. 그러다 다시 회개하면 나와 가까워집니다.

구약에는 실제로 성령님이 떠나시는 장면이 나옵니다(사울, 삼손 등).

다윗도 하나님이 떠나실까 봐 두려워하는 시를 남겼습니다(시편 27:9). 에스겔서에도 하나님이 성전을 떠나시는 장면이 나옵니다(에스겔 10장). 하지만 예수님이 승천하신 뒤 성령님은 우리를 떠나지 않습니다. 우리가 타락하고 주님을 떠날지라도 성령 하나님은 숨죽이고 기다리고 계십니다. 돌아오고 회개하면 성령님은 활동을 재개하십니다. 얼마나 감사한 일인지 모릅니다. 이 사실 하나만 알아도 신앙생활을 활기차게 할 수 있습니다.

왜 한국교회에서는 이렇게 성령님에 대한 오해가 생길까요? 무지하기 때문입니다. 한국교회에 성령님이 처음 소개될 때 신비주의적 요소로 부흥사들이 많이 오용했습니다. "성령 받아라", "불 받아라" 하며 물건 취급을 하고, 성령님을 은사로만 취급하고 신자들의 욕구와 욕망을 채우는 수단과 도구로 이용해왔습니다. 성령의 은사는 교회에 공동 유익을 주고 교회를 세우는 것이 주목적이라는 점을 몰랐던 것입니다(고린도전서 12:7). 삼위일체 하나님의 한 위격이 바로 성령님이시며, 성령님은 우리 마음대고 가라, 오라 할 수 없는 인격적인 분입니다.

교회에서 그런 실수와 오해를 하는 데는 다른 이유가 있을 수도 있습니다. 성령 내주와 성령 세례, 성령 충만을 혼동하기 때문입니다. 성령 내주는 예수님을 믿으면 성령님이 내 마음속에 들어오시는 상태입니다. 성령 내주와 성령 충만은 다른 개념입니다. 성령님이 내주한다 해도 성령님이 활동하시기에 충분하게 믿음과 사랑과 은혜가 가득한 신자가 있고, 반면 마음이 메마르고 강퍅하여 힘든 삶을 살아가는 신자도 있습니다. 우리는 전자를 성령 충만하다고 하고 후자를 성령이 충만하지 못하다고 합니다.

우리는 성령 충만하기 위해 늘 기도하고 말씀 읽고 묵상하며 선하고 기쁘게 살아야 합니다. 때로는 올바른 성찬도 하나님의 은혜로서 성령 충만에 도움이 됩니다. 신자는 대개 육신이 약하여 죄를 짓고 짜증을 부리고 화를 내지만 곧 회개하면 성령 충만한 삶을 삽니다. 그러나 문제는 신자가 항상 성령 충만하지 못하다는 데 있습니다.

"성령을 받아라, 환영하라, 초청하라"고 할 때 성령 충만으로 알아들으면 어떨까요? 말하는 사람이 개떡같이 말해도 찰떡같이 알아듣는 성숙한 신자가 되면 어떨까요? 그리고 그 말이 모임 중에 혹 예수님을 영접하지 못하고 있는 신자를 대상으로 했다고 생각하면 어떨까요?

마지막으로 성령 세례입니다. 순복음교회와 같은 오순절 계통의 교회는 방언을 받지 못하면 성령 세례를 받지 않은 것으로 간주합니다. 그러나 한국교회의 70%를 차지하는 장로교회는 방언을 하지 못하면 성령 세례가 없다는 것을 받아들이지 않습니다. 예수님을 나의 구주로 고백하면 성령님이 내주하시고 동시에 성령 세례를 받은 것으로 간주합니다.

성령 은사는 선물이므로 하나님이 필요하다고 생각하시면 누구에게나 주십니다. 하지만 필요하지도 않는 은사를 달라고 하는 것은 과욕입니다. 억지로 떼를 써서 받는 은사는 대개 결말이 좋지 않습니다. 그런 은사보다 더 중요한 것은 성령의 열매입니다(갈라디아서 5:22~23). 한국교회가 건강하지 못하게 된 이유 중에는 성령의 은사에만 치중하고 성령의 열매를 게을리한 것도 포함됩니다.

⑪

신자가 지은 죄는 심판대에서 다시 심판을 받나요?

Q 미국에 있는 한인 교회에 다닙니다. 목사님이 육체의 부활이 있으므로 육신으로 지은 죄는 예수님이 재림할 때 백보좌 심판대에 선다고 하시는데, 올바른 종말론적 관점의 설교인지 궁금합니다. 죽으면 곧장 천국으로 간다고 알고 있는데 또다시 행위의 심판이 있다고 하니 매우 두렵기도 합니다.

A 목사님의 설교가 옳은 것도 있지만 설명이 부족한 면이 있는 것 같습니다. 신자나 불신자나 반드시 심판을 받습니다. 그러나 양상은 다릅니다. 불신자는 죽은 뒤 음부(일종의 지옥)로 간 뒤 주님이 재림하실 때 육체가 부활해 영과 재결합하여 주님의 백보좌 심판대 앞에 섭니다(요한계시록 21:11). 그리고 다시 지옥으로 갑니다. 이것을 둘째 사망이라고 합니다(요한계시록 21:8).

구원을 받은 신자들은 죽자마자 곧 낙원(일종의 천국)으로 갑니다. 나중에 예수님이 재림하실 때 육체가 부활해 영과 재결합하여 주님의 백보좌 심판대 앞에 섭니다. 그러나 심판대는 의미가 없습니다. 주님의 십자가 공로로 통과하여 곧장 천국으로 가니까요. 우리의 죄는 이미 십자가의 공로로 사해졌기 때문입니다.

다만 착한 일을 많이 한 사람과 주님이 맡긴 사역을 많이 한 사람은 상급을 받을 것입니다(고린도후서 5:10). 그 상급이 무엇인지는 누구도 정확히 알지 못하지만, 상장이나 상패 같은 것이라고 봅니다. 아니면 하나님과 더 많이 알고 충분하게 인지하는 것이 아닐까 합니다. 그러다 보니 신자를 위한 백보좌 심판을 '상급의 심판'이라 부르기도 합니다.

더 중요한 것이 있습니다. 낙원에 있던 영혼이 나중에 백보좌 심판을 받아 음부로 간다고 주장하는 것은 신실한 하나님과 부합되지 않는다는 점입니다. 짧게는 며칠, 길게는 몇 천 년 동안 낙원에서 동행하시다가 어느 날 갑자기 백보좌 심판을 하면서 낯을 확 바꾸고 지옥으로 보내는 하나님이실 리 없습니다. 만약 그렇게 쉽게 변질되는 하나님이라면 차라리 믿지 않겠습니다. 하나님은 신실하신 분입니다(신명기 7:9 / 시편 119:86 / 호세아 11:12 / 이사야 49:7 등)

한국교회나 이민 교회나 정통 교회라면 큰 범주에서 기본교리는 거의 동일합니다. 그런데 어떤 교회의 경우 율법주의적 가르침이 있어서 율법을 지키는 행위로 구원을 받는다고 말하기도 합니다. 믿음으로 구원을 받는다고 설교는 하지만 실제로는 믿음만 가지고는 부족해서 반드시 어떤 선행이나 공로가 필요하다는 식으로 가르친다는 것입니다. 이런 주장은 주로 가톨릭이나 어떤 이단들이 주장하는데, 받아들일 수 없습니다.

우리는 믿음으로 구원을 받습니다. 이것은 종교개혁부터 내려오는 대원칙입니다. 종교개혁의 선두주자인 루터는 착한 행위로 구원을 받는다고 하는 천주교에 반발해 선행을 강조하지 않았습니다. 믿음만을 강조한 것이지요. 2년 뒤, 루터는 신자들이 올바른 삶을 살지 못하고 마음대로 사는 것을 보고 다시 펜을 들었습니다. "올바른 믿음에는 반드시 선행이 따른다"고 「크리스천의 자유」라는 논문도 쓰고 설교도 했지만 효과는 미흡했습니다.

후예 격인 칼뱅, 베자, 멜란히톤 등은 올바른 믿음 뒤에는 반드시 선행이 따른다는 것을 강조했습니다. 그리스도인의 선행은 구원을 얻기 위한 과정이 아니라 결과요 열매로서 선행을 하게 된다고 강조한 것입니다.

그리스도인이 선행을 하는 빈도나 강도가 서서히 진행되어 시간이 필요할지 모르지만 참신자는 반드시 선한 말과 행위를 합니다. 비록 신자마다 인품과 교양에 따라 성화의 질과 양은 다르지만 반드시 변화되어 선한 말과 행동을 하게 되어 있습니다.

결론적으로, 신자의 선행과 공로는 백보좌 심판 때 상급을 결정하는 수단으로 사용될 것이라고 보는 신학자들이 많습니다. 그렇다고 선한 행위를 무시하거나 부정하면서 방종한 삶을 산다면 구원받은 그리스도인이라 하기 어렵습니다. 그런 신자의 믿음은 참된 믿음이 아닐 경우가 많으므로 스스로를 되돌아보아야 합니다.

  백보좌 심판은 불신자를 위한 심판이라고 보는 것이 좋습니다. 그래서 두 번 죽는다는 뜻으로 둘째 사망이라고 하는 것이지요.

12

장기기증을 거부하는 성경 말씀이 있습니다

Q 얼마 전 뉴스를 보니 어떤 불신자들은 죽을 때 장기기증을 한다고 합니다. 그런데 성경에는 "예수님이 재림하실 때까지 우리의 육체가 흠 없이 보존되기를 원한다"는 구절이 있는 것으로 압니다. 그렇다면 우리 그리스도인들은 장기기증을 할 수 없나요?

 몇 년 전에도 비슷한 상담을 했던 기억이 나는데, 이번에는 장기기증을 거부하는 듯한 본문을 가져왔군요.

"평강의 하나님이 친히 너희를 온전히 거룩하게 하시고 또 너희의 온 영과 혼과 몸이 우리 주 예수 그리스도께서 강림하실 때에 흠 없게 보전되기를 원하노라"(데살로니가전서 5:23)

본문은 인간의 삼분설(영과 혼과 몸으로 구성됨)을 주장하는 신자들이 주로 사용합니다. 정통 교회는 삼분설이나 이분설(영혼과 몸으로 구성)을 따르지 않고 전인격성(영과 혼과 몸이 하나로, 전체로 구성)을 따르는데, 더 이상 언급하지 않겠습니다.

왜 이 본문을 어떤 사람들이 장기기증을 거부하는 근거로 사용하는지 그 이유를 살펴보도록 합니다. 이렇게 해야 비슷한 문제가 생길 때 해결하는 방법을 배울 수 있기 때문입니다. 이렇게 간곡하게 말씀드려도 지독하게 이 방법을 따르지 않는 신자들이 있어서 골치가 아픕니다.(웃음)

첫째, 다른 번역 성경을 함께 읽지 않기 때문입니다.

어떤 개역개정(한국교회가 대부분 사용하는 번역) 성경을 읽을 때 뜻이 명확하지 않을 때는 다른 한글 번역 성경을 읽어야 합니다. 그것도 확실하지 않으면 영어 성경을 읽고, 그래도 안 되면 원어나 주석을 참조해야 합니다.

제 경험상 다른 한글 번역 성경을 읽으면 대부분 해결됩니다. 그러다 보니 개역한글판을 읽지 말라고 하는 것입니다. 개역한글판을 주장하는 교회는 이단이나 사이비 또는 건강하지 못한 단체나 교회라 해도 크게 틀리지 않습니다. 개역한글판 성경을 주장하는 어떤 못된 이유가 숨어 있으니까요.

그렇다고 개역개정판이 완벽하다는 것은 아닙니다. 개역한글판보다는 더 나은 점이 많다는 뜻입니다.

"평화의 하나님께서 친히 여러분을 완전히 거룩하게 해주시고, 우리 주 예수 그리스도께서 오실 때에 여러분의 영과 혼과 몸을 흠이 없고 완전하게 지켜 주시기를 빕니다."(새번역성경)

"평강의 하나님께서 친히 여러분을 온전히 거룩하게 하시고 우리 주 예수 그리스도께서 오실 때 여러분의 영과 혼과 몸을 다 흠 없게 지켜 주시기를 빕니다."(우리말성경)

"May God himself, the God of peace, sanctify you through and through. May your whole spirit, soul and body be kept blameless at the coming of our Lord Jesus Christ."(NIV)

"And the very God of peace sanctify you wholly; and I pray God your whole spirit and soul and body be preserved blameless unto the coming of our Lord Jesus Christ."(KJV)

개역개정은 '원한다'고 되어 있어 혼란을 줍니다. 하지만 위 한글 번역본들은 하나같이 '빕니다'로 되어 있어 기도한다는 것을 알 수 있습니다. 영어 성경을 보면 더욱더 뜻이 분명합니다. 'may'나 'pray'라고 번역했으므로 기도하는 장면이라는 것을 쉽게 알 수 있습니다. 본문은 사도 바울이 데살로니가전서에서 마지막 기도를 하는 장면입니다.

둘째, 성경 구절을 해석할 때 앞뒤 구절을 읽지 않기 때문입니다.
사도 바울이 기도하는 장면이라고 이미 말씀드렸습니다. 23절은

24절과 함께 읽어야 뜻이 명확해집니다. 함께 24절을 읽습니다.

"너희를 부르시는 이는 미쁘시니 그가 또한 이루시리라"(개역개정)
"여러분을 부르시는 분은 신실하시니, 이 일을 또한 이루실 것입니다."(새번역성경)
"여러분을 부르시는 분은 신실하시니 그분이 또한 이루실 것입니다."(우리말성경)
"The one who calls you is faithful and he will do it. Faithful is he that calleth you, who also will do it."(KJV)

위 본문은 여러분의 영과 혼과 몸을 흠 없고 완전하게 지켜주시는 분이 하나님이시고, 그분이 반드시 이루어주실 것을 말씀하고 있습니다. 바울은 여기서 데살로니가 교인들의 노력으로 자신들을 거룩하게 하고 영과 혼과 몸을 흠 없이 완전하게 할 수 없다는 것을 알고 하나님께 기도한 것입니다.

그리고 하나님은 신실하신 분이므로 분명히 우리를 거룩하게 하시고 영과 혼과 몸을 흠 없이 지켜주실 것을 확신하고 있습니다. 성도들의 몸을 흠 없이 보존하시는 분은 성도 자신이 아니라 하나님임을 나타내고 있습니다. 하나님께서는 반드시 예수 그리스도를 통하여 당신의 자녀로 부르신 이들을 끝까지 지키고 보호하시며 성화시키고 영화로 이끌어가실 것이라는 확신입니다(빌립보서 1:6). 우리 성도들의 성화는 우리의 노력과 하나님의 도움으로 이루어질 것이며, 주님이 재림하실 때 영화롭게 됩니다.

이 기도를 오해해서 사람이 흠이 있는 상태로 죽으면 안 된다고 주장하는 사람들이 있습니다. 따라서 장기기증을 하지 않는 것은 물론, 화장을 하면 안 된다고 매장을 주장하기까지 합니다. 이것은 부활의 실체를 이해하지 못한 데서 나오는 주장입니다. 성도의 몸은 맹수에 찢겨서 죽든 전쟁터에서 포탄에 맞아 몸이 산산조각 나든, 아니면 자연사로 땅속에서 썩어 재가 되든 예수님이 재림하실 때 썩지 않은 몸으로 부활합니다(고린도전서 15:42~44, 15:52~54).

그리스도인이 교통사고로 팔다리를 잃어도, 당뇨병으로 다리를 자르거나 두 눈의 시력을 다 잃어 실명해도 주님이 재림하시면 팔다리가 다시 생기고 눈으로 다시 볼 수 있습니다. 구약에 나오는 본문을 우리말성경으로 읽습니다.

"그때 눈먼 사람의 눈이 열리고 귀먹은 사람의 귀가 뚫릴 것이다. 그때 다리를 절던 사람이 사슴처럼 뛰고 말하지 못하던 혀가 기뻐서 소리칠 것이다. 그렇다. 사막에서 물이 터지고 강물이 광야로 쏟아질 것이다."(이사야 35:5~6)

결론입니다. 우리 성도들도 각막, 심장, 간장, 신장 등 각종 장기를 기증할 수 있습니다. 불신자들보다도 더 많이 장기기증을 해야 합니다. 저도 10년 전 사랑의장기기증운동본부에 사후 각막 기증을 등록했습니다. 제가 죽으면 시신을 대학병원에 학생들을 위한 실습교육용으로 보낼 것입니다.

이런데도 장기기증을 거부하거나 방해하는 운동을 벌인다면 제가 더 이상 드릴 말씀이 없습니다. $3 \times 8 = 23$이라고 우기는 사람에게 아무리 $3 \times 8 = 24$가 옳다고 말해도 믿지 않을 테니까요. (웃음)

13

짐짓 죄란 무엇인가요?

Q 짐짓 죄란 무엇인가요? 제가 과거에 모르면서 지은 죄도 있지만 알면서 짓는 죄가 더 많습니다. 구원을 받지 못할까 봐 두렵습니다.

A 짐짓 죄가 무엇인지 금방 답변하기는 쉽지 않을 것입니다. 짐짓 죄라는 단어는 일반적으로 사용하지 않으니까요. 짐짓 죄란 히브리서 10장 26절에 나옵니다.

"우리가 진리를 아는 지식을 받은 후 짐짓 죄를 범한즉 다시 속죄하는 제사가 없고"

개역한글판 민수기 15장 30절에도 짐짓 죄로 추정이 되는 말이 있습니다.

"본토 소생이든지 타국인이든지 무릇 짐짓 무엇을 행하면 여호와를 훼방하는 자니 그 백성 중에서 그쳐질 것이라"

신학적으로 '짐짓 죄'라는 것은 존재하지 않습니다. '짐짓 죄'는 없지만 성경에서 '짐짓'으로 표현했으므로 신학을 잘 모르거나 단어 만들기를 좋아하는 사람들이 '짐짓 죄'라고 임의대로 만들어서 부르는 것 같습니다. 일반적으로 '고범죄'라고 부르는 것이 좋은데, 이는 고의적으로 계속 범하는 죄를 말합니다.

한 가지 팁을 드립니다. 성경을 읽다가 뜻이 불분명하거나 이해하기 어려울 때는 개역개정성경만 읽지 말고 다른 번역 성경도 함께 읽어보면 해결되는 경우가 많습니다.

"우리가 진리의 지식을 얻은 뒤에, 일부러 죄를 지으면, 그 때에는 속죄 제사가 남아 있지 않습니다."(새번역성경)

"만일 우리가 진리에 대한 지식을 받아들인 후에 일부러 죄를 지으면 속죄하는 제사가 더 이상 남아 있지 않습니다."(우리말성경)

"For if we go on sinning willfully after receiving the knowledge of the truth, there no longer remains a sacrifice for sins."(NASB)

"For if we sin wilfully after that we have received the knowledge of the truth, there remaineth no more sacrifice for sins."(KJV)

이렇게 다른 번역 성경만 읽어보아도 뜻이 명확해집니다. '일부러 지은 죄' 또는 영어 성경에는 '의도적으로 지은 죄'라고 합니다. 성경에서는 고범죄라고 하며(시편 19:13), 고의적으로 저지른 죄를 말합니다. 하나님을 향하여 의도적으로 적극적으로 행하는 고범죄는 실수로 범하는 죄보다 벌이 더 큽니다(민수기 15:26~31).

문제는 이 고범죄를 용서받을 수 없다고 말하는 사람들이 있다는 것입니다. 성경을 잘못 이해하고 해석하는 것입니다. 히브리서 10장 26절에서 말하는 고범죄는 문맥을 살펴 읽어야 합니다. 이는 예수 그리스도의 속죄 사역을 의도적으로 계속 거부하고 기독교를 떠나는 것을 의미합니다(마가복음 3:28~30).

히브리서가 기록된 그 당시로 말하자면 기독교를 떠나 유대교로 다시 돌아가는 것을 의미합니다. 오늘날로 적용하면 기독교를 떠나 다른 종교로 가거나 이단으로 가는 경우이고요. 그러면 용서받을 수 없다는 것입니다. 그러나 정통 교회에서 이단이나 타종교로 갔다가 회개하고 다시 정통 교회로 돌아온다면 하나님은 용서해주실 것입니다.

블로그나 카페에서 성경을 잘 모르는 사람들이 올린 글을 보니 고범죄(짐짓 죄)에 대해 황당한 설명이 꽤 있었습니다. 짐짓 죄를 성령 훼방죄로 연결하여 고범죄를 지으면 용서받지 못하는 것으로 간주하는 글이 대부분입니다. 성령 훼방죄는 이단이나 사이비로 가는 죄이거나 예수 그리스도의 십자가 구원을 무시하는 죄입니다.

성령 훼방죄에 대해서는 『목사님 궁금합니다』 2권, 69쪽을 참조해주십시오. 어쨌든 성령 훼방죄를 범했다고 염려하는 분은 이미 그런 죄를 범하지 않았다고 보는 것이 정확합니다.

인터넷에서 돌아다니는 고범죄를 한 가지만 소개합니다.

> "다윗은 윤리적·도덕적 차원에서의 고범죄(짐짓 죄)를 범했던 인물입니다. 그렇기 때문에 철저하게 눈물로 회개했을 때 용서함을 받았고, 죽는 그날까지 같은 죄를 짓지 않고 항상 회개하는 마음으로 살았기 때문에 지금 천국에 있는 것입니다."

과연 그럴까요? 다윗은 우리아를 죽게 만들고 밧세바와 간통해서 하나님께 심한 꾸지람을 들었습니다. 그런데도 회개하지 않고 있다가 나단 선지자의 충고를 듣고 회개했습니다.

그렇다면 다윗은 밧세바와 더 이상 성관계를 맺지 않았어야 합니다. 그러나 다윗은 의도적으로 밧세바를 데려와서 아내로 삼았습니다. 이렇게 하는 것이 정당할까요? 비록 하나님은 더 이상 책망하시지 않았지만 의문이 가는 대목입니다.

우리 주변에는 의도적으로 계속 죄를 범하는 사람들이 많습니다. 아니라고요? 우리 주변에 그런 사람들이 없다고요? 예를 들어봅니다. 얼마 전 철도파업을 하고 준법투쟁을 해서 시민들을 괴롭힌 사람들이 있습니다. 그들 중에 기독교인이 있을 것이고, 그들은 의도적으로 법을 어겨왔던 것입니다. 제가 억지를 부리고 있나요? 이것을 구조적 죄라고 부릅니다.

　우리가 흔히 보는 다른 예를 들어봅니다. 세습 목사들, 기복주의·신비주의·율법주의를 가르치는 목사들이 우리 주위에 얼마나 많은가요? 그런 것은 죄가 아닐까요? 물론 그렇다고 해서 성령 훼방죄와 직접적으로 연결시켜 하나님이 그들을 지옥에 보낸다고는 생각지 않습니다.